何啓民著

竹林七賢研究

臺灣學生書局印行

自序

世人稍識魏晉事者，莫不知有竹林七賢。竹林七賢蓋亦喧諸口耳衆矣！史書載之，文人道之，千餘年來，言竹林七賢者不為不多，或隨文附見，或分人以說，或專章論事，未有為全體之研究者。雖有所得，未得其全；雖有所見，未見其全。以此一得一見，惡得謂可以知竹林七賢；以此一得一見，惡得便可以謂眞知竹林七賢哉？

丙申歲，余方肄業臺灣大學史學系，嘗致力魏晉南北朝談風之研討，於七賢事，每恨滯而不易通也。五稔以還，時刻縈懷，未始或忘，遂因感激，造成此篇。師心自用，難期必洽於衆意，藏之篋笥，又復四載，乃承中國學術著作奬助委員會惠予奬助出版，使敝帚之珍，得大光於天下。茲値付印之日，稍綴數言，以明始末，並申謝意。

五十四年十月於臺北寓所

竹林七賢研究　目次

目次

竹林七賢研究

何啓民

一　前　言

獻帝建安十年（西紀二〇五年），時名雖猶託於漢室，權在曹家。操位司空，挾天子以號令，兼用兵威，昔之豪雄據地自重者，漸以蕩滅。而鼎立之勢早燭於未然，讓國魏宗亦但期之於時日而已。

其後百年間，曹丕代漢，司馬炎篡魏。然曹氏佐獻帝於播遷之中，宗社得以復安，朝中莫非其人。漸漬以成業，故其勢緩。司馬懿則拔起於魏室極盛之初，朝中莫非魏之人，欲奪其國，必仗殺戮。干寶晉紀總論曰：

今晉之興也，功烈于百王，事捷于三代，蓋有爲以爲之矣。宣、景遭多難之時，務伐英雄，誅庶桀以便事，不及脩公劉、太王之仁也。受遺輔政，屢遇廢置。故齊王不明，不獲思庸于亳；高貴沖人，不得復子明辟。二祖逼禪代之期，不暇待叄分八百之會也。是其創基立本，異于先代者也。

以此觀之，則司馬氏之奪天下，其勢也驟。勢驟，故務伐英雄、誅庶桀以便事，益以屢遇廢置，其酷烈有如此者，故世說尤悔篇云：

> 王導，溫嶠俱見明帝，帝問溫前世所以得天下之由，溫未答。頃，王曰：「溫嶠年少未諳，臣爲陛下陳之。」王廼具敘宣王創業之始，誅夷名族，寵樹同己。及文王之末，高貴鄉公事。明帝聞之，覆面箸牀曰：「若如公言，祚安得長！」

世說所載此事雖不必眞，要之，司馬氏與魏室之爭必驟且烈也。

百年間之政局雖紛然如是，此但朝廷中事，初不及於外；百年間雖爭戰不息，疑若民受災殄之厄而不可終日，此但江淮關中邊遠之事，初不及於中原。然則其時司豫兗徐諸州固已久安長治，不復如漢季之喪亂，州郡據地自雄，放兵掇略，攻剽城邑，人民流移，而致饑窮無歸也。但俗異世改，民人之思路誠已不同於往昔。經學，前此數百年中學術思想之主流，而生活所引爲準則者，今則衰替，魏志卷十三王肅傳注引魚豢魏略儒宗傳序云：

> 從初平之元，至建安之末，天下分崩，人懷苟且，綱紀既衰，儒道尤甚。至黃初元年之後，新主乃復始掃除太學之灰炭，補舊石碑之缺壞，備博士之員錄，依漢甲乙以考課。申告州郡，有欲學者，皆遣詣太學。太學始開，有弟子數百人。至太和、青龍中，中外多事

，人懷避就，雖性非解學，多求詣太學。太學諸生有千數，而諸博士率皆粗疏，無以教弟子，弟子本亦避役，竟無能習學。冬來春去，歲歲如是。又雖有精者，而臺閣擧格太高，加不念統其大義，而問字指墨法點注之間，百人同試，度者未十。是以志學之士遂復陵遲，而末求浮虛者各競逐也。

此雖就太學言之，然實已足說明當時儒道之不復能籠絡人心，其所以如此，及其所致之結果，由以下三文，可得一概括之說明。同書卷十四董昭傳，引昭太和之年拜司徒上疏論末流之弊云：

竊見當今年少，不復以學問爲本，專更以交遊爲業，國士不以孝弟淸修爲首，乃以趨勢遊利爲先。

又卷十六杜畿傳附恕傳引恕之疏云：

今之學者，師商韓而上法術，競以儒家爲迂闊，不周世用，此則風俗之流弊。

又干寶晉紀總論曰：

風俗淫僻，恥尙失所。學者以莊老爲宗，而黜六經；談者以虛薄爲辯，而賤名檢；行身者以放濁爲通，而狹節信；進仕者以苟得爲貴，而鄙居正；當官者以望空爲高，而笑勤恪。

既以儒說為迂闊，不周世用，故其時經學雖仍受崇尙，學業沉淪，已無復往日氣象。致玄風因而起，風俗因而壞也。

百年政局若是，學術、風俗又若是，而七賢正處於此一時代中，其多彩多姿也自所必然矣。然史要在能得眞，特由事實所限，吾人所資之記載，難期必符于本來。而雖不得其實，猶力求其較為近之，是者為是而非者為非，考據之功見。竊嘗論述魏晉，於竹林事，每恨滯而不易通也，水經淸水注云：

魏步兵校尉阮籍、中散大夫譙國嵇康、晉司徒河內山濤、司徒琅邪王戎、黃門郎河內向秀、建威參軍沛國劉伶、始平太守阮咸等，同居山陽，結自得之遊，時人號之為竹林七賢。

又世說任誕篇：

陳留阮籍、譙國嵇康、河內山濤，三人年皆相比，康年少亞之。預此契者，沛國劉伶、陳留阮咸、河內向秀、琅邪王戎，七人常集于竹林之下，肆意酣暢，故世謂竹林七賢。

此千餘年來，人所豔稱者，並同注引晉陽秋所云：「于時風譽扇于海內，至于今詠之。」然其可疑者亦復有數事：

自七賢間之認識與交情言之。

嵇叔夜與山巨源絕交書曰：

　足下昔稱吾於潁川，吾常謂之知言，然經怪此意尙未熟悉于足下，何從便得之也。……足下傍通，多可而少怪，吾直性狹中，多所不堪，偶與足下相知耳。間聞足下遷，惕然不喜，恐足下羞庖人之獨割，引尸祝以自助，手薦鸞刀，漫之羶腥……。

設七賢間交厚識深，康固不得因濤引以自代而翻然絕之，亦不當稱「偶與足下相知」而明交之不厚，此其一。

　康既得罪當道，以呂安事，爲鍾會廷論一言而羅織下獄，終以見誅。其間同預竹林之契：濤吏部郎，籍散騎常侍，俱司馬氏所親信，無一言予以辯白，爲之奔走，而世說雅量篇注引王隱晉書曰：

　康之下獄，太學生數千人請之；于時豪俊，皆隨康入獄，悉解喻，一時遣散。康竟與安同誅。

太學生，及于時豪俊，不必皆友于康也，然其所爲若是之義烈，如是之勇于赴難也。豈以諸賢但著忘言之契，肆意酣暢，而非關人事；抑且出處趨向有異，不能亦不欲爲之邪？此其二。

又文選卷十六子期思舊賦序云：

余與嵇康、呂安居止接近，其人並有不羈之才。然嵇志遠而疏，呂心曠而放，其後各以事見法。……余逝將西邁，經其舊廬。于時，日薄虞淵，寒冰淒然，鄰人有吹笛者，發聲寥亮，追思曩昔遊宴之好，感音而歎，故作賦云。

通篇都無一語及康、安之外，設眞如酈注所言，七賢同居山陽而結自得之遊，則追思曩昔遊宴之好，自當如魏文悼諸子（見與吳質書），而不離諸賢也，孰呂安之能與於其中；若以他賢並無見法，因以省去，又何但言「余與嵇康、呂安居止接近」，世說言語篇注引秀別傳固言「常與嵇康偶鍛於洛邑，與呂安灌園於山陽」矣。此其三。

然則七賢之交果如何？而又孰以至此？

復自竹林考之。

晉戴凱之竹譜（說郛本）以爲竹之爲物，「九河鮮育，五嶺實繁」，而吳僧贊寧筍譜則謂「惟筍竹萌也，皆四月生也」，「此據洛陽土中，嵩少之間，四月方生」，是洛陽、嵩少間，竹雖不繁，亦頗有生長也。

卽如洛陽，據釋寶唱比丘尼傳（大正藏二〇六三）晉洛陽竹林寺淨檢尼傳云：「檢卽剃落，從和上受十戒，同其志者二十四人，於宮城西門，共立竹林寺。」斯有竹林，然後得以竹林名寺，而此在洛陽宮城西門。至七賢所遊之竹林，世人則頗以之歸於山陽，魏志卷二一王粲傳注引魏氏春秋曰：

康寓居河內之山陽縣，與之遊者，未嘗見其喜慍之色。與陳留阮籍、河內山濤、河南向秀、籍兄子咸、琅邪王戎、沛人劉伶相與友善，遊於竹林，號為七賢。

卽顯謂竹林在於河內之山陽，水經清水注尤予此以有力之說明：

黑山在縣北白鹿山東，清水所出也。上承諸陂散泉，積以成川，南流。……清水又南，與小瑤水合。……清水又東南流，吳澤陂水注之。……魏土地記曰：「修武城西北二十里，有吳澤水。……西則長明溝入焉。」……長明溝水東入石澗，東流，蔡溝水入焉。……又東逕修武縣。……次北，有苟泉水入焉。……又東，長泉水注之。……

又逕七賢祠東，左右筠篁列植，冬夏不變貞萋，魏步兵校尉阮籍、中散大夫譙國嵇康、晉司徒河內山濤、司徒琅邪王戎、黃門郎河內向秀、建威參軍沛國劉伶、始平太守阮咸等，同居山陽，結自得之遊，時人號之為竹林七賢。向子期所謂山陽舊居也，後人立廟於其處，廟南又有一泉，東南流，注於長泉水。郭緣生述征記所云「白鹿山東南二十五里有嵇公故居，以居時有遺竹焉」，蓋謂此也。

酈氏循流追溯，描寫盡至，於竹林處，且以七賢祠證之，當屬可信。然所引述征記，與藝文類聚卷六四較之，似有省略，其原文云：

山陽縣城東北三十里，魏中散大夫嵇康園宅，今悉為丘墟，而父老猶謂嵇公竹林地，以時有遺竹也。

緣生晉人，撰述征記時，其地固已成丘墟。雖「時有遺竹」，自非如酈氏所謂之「筠篁列植」。可證七賢祠及其左右所植之竹皆述征記成書以後之事。其地為嵇公故居，自無可疑，以秀思舊賦（文選卷十六）固稱說其「山陽之舊居」也。雖如是，秀賦終未有一辭及「竹林」，亦更無一語論諸賢者，似亦可證「嵇公竹林地」非本來所有。

尋考存世載籍，自山濤之生（漢獻帝建安十年，西紀二〇五年），以迄王戎之歿（晉惠帝永興二年，西紀三〇五年），七賢所歷之一百又一年間，當時諸家論述，既無一言關及七賢遊于竹林之事，而所有論其事者，又莫非在東晉以後，此事之可怪者耳。

如世說任誕篇云：

陳留阮籍、譙國嵇康、河內山濤，三人年皆相比，康年少亞之。預此契者，沛國劉伶、陳留阮咸、河內向秀、琅邪王戎，七人常集于竹林之下，肆意酣暢，故世謂竹林七賢。

注引晉陽秋曰：

于時風譽扇于海內，至于今詠之。

晉陽秋如是曰，是上必有所承，而此或即世說所本也。

陶潛聖賢羣輔錄於竹林七賢有云：

袁宏、戴逵為之傳，孫統又為之讚。

除統事已不可考；逵之竹林七賢論二卷，見于隋志載錄（御覽引書目誤作戴勝）外；袁宏，則世說文學篇注曰：

宏以夏侯太初、何平叔、王輔嗣為正始名士。阮嗣宗、嵇叔夜、山巨源、向子期、劉伯倫、阮仲容、王濬沖為竹林名士。裴叔則、樂彥輔、王夷甫、庾子嵩、王安期、阮千里、衞叔寶、謝幼輿為中朝名士。

是宏之名士傳，當包此三部，而後始得謂之全。唐修晉書卷九二本傳謂其有竹林名士傳三卷；隋志有正始名士傳三卷（作袁敬仲譔，通志承其譌），皆屬偏舉。而兩唐志作名士傳三卷，恐亦刼餘之本也。至水經淸水注引袁彥伯竹林七賢傳，不知與本傳所云之竹林名士傳，是一抑兩本，已不可考矣。

然宏之撰名士傳，亦復有所本，世說文學篇云：

袁彥伯作名士傳成，見謝公，公笑曰：「我嘗與諸人道江北事，特作狡獪耳，彥伯遂以著書。」

謝公，謝安也。安自謂道江北事者，特作狡獪耳，是指其故分名士爲正始、竹林、中朝，而此固又前人之所不言，前時之所未有。孫盛，安同時人，旣說七賢事，而云「至于今詠之」（見前引世說任誕篇注引晉陽秋語），豈郎因安「嘗與諸人道江北事」而所以爲如此言邪？

隋志又有孟氏七賢傳五卷。孟氏，不知何許人，七賢傳旣置戴逵七賢論後，當晚于逵明甚。且就諸書觀之，稱擧七賢，而並及其輩遊于竹林者，除前引任誕篇一條外，不過數條，魏志卷二一王粲傳注引魏氏春秋曰：

康寓居河內之山陽縣，與之遊者，未嘗見其喜慍之色。與陳留阮籍、河內山濤、河南向秀、籍兄子咸、琅邪王戎、沛人劉伶相與友善，遊于竹林，號爲七賢。

又世說排調篇云：

嵇、阮、山、劉在竹林酣飲，王戎後往，步兵曰：「俗物已復來敗人意。」王笑曰：「卿輩意亦復可敗邪？」

注引魏氏春秋曰：

時謂王戎能超俗也。

世說此條或出諸魏氏春秋，是亦孫盛所撰也。卽非是而另有所本，時自更爲晚近。又傷逝篇：

王濬沖爲尙書令，著公服，乘軺車，經黃公酒壚下過，顧謂後車客：「吾昔與嵇叔夜、阮嗣宗共酣飲於此壚；竹林之遊，亦預其末。自嵇生夭、阮公亡以來，便爲時所羈紲。今日視此雖近，邈若山河！」

注引竹林七賢論曰：

俗傳若此。潁川庾爰之，嘗以問其伯文康，文康云：「中朝所不聞，江左忽有此論，蓋好事者爲之耳。」

可注意者，七賢論亦不以此爲眞。而時愈晚近，傳說愈紛。中朝與七賢時雖接近，說已可疑；及乎渡江，或得之道路相傳，或聞諸父老，或故作狡獪，更失其眞，擧此，可概見其餘矣。

然則七賢竹林之事豈不可怪也哉！不見于當時著作，而稱于中朝，渡江以後；有專門之書，而難得描敍之文。雖昔之載籍，留存于今者寡，亦殊不足以解此惑也。

竹林之事，旣初傳于晉世中朝以後，初非七賢生時之本有，前此所疑者乃可豁然以解，渙然冰釋：叔夜之死，何關于他人；子朝思舊，獨及諸嵇呂；而山陽故居，亦本無竹林。竹林諸人，但如建安之七子，正始、中朝之名士，不過後人一時意興所至，聊加組合耳。

竹林七賢，名屬後起；竹林之事，亦難信眞。然七賢生時固有所交往遇合也，而其間又有先後主從之可言。世說任誕篇云：

陳留阮籍、譙國嵇康、河內山濤，三人年皆相比，康年少亞之。預此契者，沛國劉伶、陳留阮咸、河內向秀、琅邪王戎，七人常集于竹林之下，肆意酣暢，故世謂竹林七賢。

此實已予七賢遇合以概括之描敍，卽七賢中，以阮籍、嵇康、山濤爲主，而他人爲從。揆之現存史料，頗得其眞，然尙有需加以說明者。

若阮籍，所與遊者，有阮咸、王戎、劉伶。

咸，籍兄熙之子。

戎，則以談說見賞於籍，世說簡傲篇注引晉陽秋曰：

戎年十五，隨父渾在郎舍，阮籍見而說焉。每適渾，俄頃，輒在戎室。久之，乃謂渾：

「濬沖淸尙，非卿倫也。」

同書引竹林七賢論，御覽卷四百十引王隱晉書，亦有相同之記載。此當齊王芳正始九年（西紀二四八年），籍官尙書郞之時也。

伶，與籍交在高貴鄕公初年，司馬師執政後（西紀二五五年—），而籍爲步兵校尉之時，或以酒見知。世說任誕篇注引文士傳曰：

（籍）後聞步兵廚中有酒三百石，忻然求爲校尉。於是入府舍，與劉伶酣飲。

又引竹林七賢論曰：

籍與伶共飲步兵廚中，並醉而死。

咸以親，戎以談，而伶以酒，此三人之所以見交於籍者也。

若嵇康，所與遊者，向秀、呂安。世說言語篇注引秀別傳曰：

少爲同郡山濤所知，又與譙國嵇康、東平呂安友善，並有拔俗之韻。

按秀雖少爲山濤所知，實未見親近。所往來，但康、安而已。文選卷十六秀思舊賦序云：

余與嵇康、呂安居止接近，其人並有不羈之才。

注引臧榮緒晉書亦稱秀：

　　始有不羈之志，與嵇康、呂安友。

是康之交秀、安，以才並不羈耳。

　至王戎，雖嘗相遇，終不得謂其從遊於康也。世說德行篇云：

　　與嵇康居二十年，未嘗見其喜慍之色。

按戎少康十一歲。故康死時，戎爲二十九歲。康於正始間，適當婚姻魏室，固居洛無疑。然既去官，或居山陽，或來京師，初非止於一處，戎云與康居二十年，終難信眞。注引康別傳曰：

　　所知王濬沖在襄城，而數百。

襄城，屬潁川。是戎嘗一度居于襄城，而與康時相見面也，自難比於秀、安明甚。

　若山濤，似與秀、戎、伶、咸俱無深交之可言，因緣際會，遇合嵇、阮，遂以齒尊，兼以度量弘遠，相互推引。初學記卷十八引袁宏山濤別傳曰：

　　陳留阮籍、譙國嵇康，並高才遠識，少有陪其契者。濤初不識，一與相遇，便爲神交。

又世說賢媛篇注引晉陽秋曰：

　　濤雅量恢達，度量宏遠，心存事外，而與時俯仰。嘗與阮籍，嵇康諸人著忘言之契。

七賢之遇合情形，或當如此。試作圖以示之：

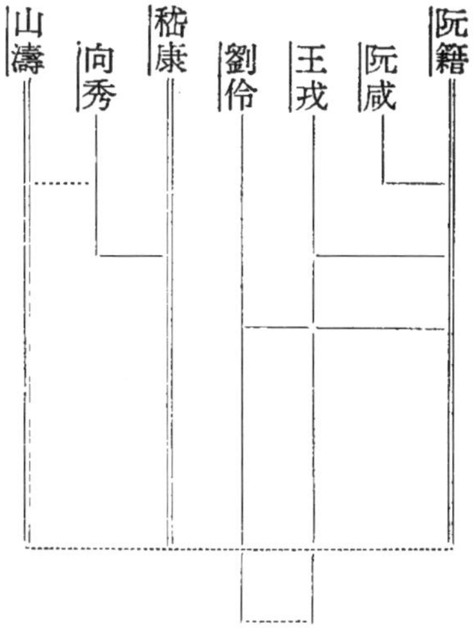

是吾人雖以竹林之事爲後人所造作，猶聚而論究之者，特以其間尙有遇合，故假以考見魏晉百年之間事；然又復分而述之者，以七賢稟異，非可籠以一理，爲能各盡其性耳。遂論次其人，作研究七篇。

二　阮籍研究

(一)少年時代

世說附陳留尉氏阮氏譜載嗣宗家世云：

一世

敦。

二世

瑀：敦子。字元瑜。漢司空軍謀祭酒、記室。

三世

熙：瑀子。武都太守。

籍：瑀子。字嗣宗。晉步兵校尉。

譜雖後人據世說以成，要屬可信。而阮氏譜雖以瑀爲敦子，初不知敦之生平行事也。瑀則不然，其令聞出處有足資言者。

魏志卷二十一王粲傳，稱「瑀少受學於蔡邕」。案中郎雖奏立六經碑文於太學門外，實不以經學名家，獨「好辭章數術天文，妙操音律」（後漢書卷九十下邕傳）。典論既以「瑀之章表書記，今之儁也」，裴注引文士傳亦云「瑀善解音，能鼓琴」，是元瑜長于文學，妙解音聲，而眞能得中郎之學者也，固亦由其天性所使然。

粲傳又曰：

> 建安中，都護曹洪，欲使掌書記，瑀終不爲屈。太祖並以(陳)琳、瑀爲司空軍謀祭酒、管記室。軍國書檄，多琳、瑀所作也。

注引魚氏典略，摯虞文章志亦並言其拒曹洪，而爲魏武所用，與文士傳說曹操焚山得瑀有異，然後說實至可疑，故裴氏因以破之也。傳又曰：

> 始文帝爲五官將，及平原侯植，皆好文學。粲與北海徐幹，字偉長、廣陵陳琳，字孔璋、陳留阮瑀，字元瑜、汝南應瑒，字德璉、東平劉楨，字公幹，並見友善。

文帝爲五官將，植封平原侯，皆建安十六年事。粲輩卽世所謂建安七子之六家也，並以文名，游宴甚歡。而瑀最先，於十七年，卒於丞相倉曹掾屬之任。

元瑜書記翩翩，自其始辟爲司空軍謀祭酒、管記室，既云「軍國書檄，多瑀所作」，是頗在魏武左右，而隨行征伐，，迄建安十六年征馬超時猶然。則籍母子或於瑀卒稍后之時返歸故里，或始終居尉氏。而籍三歲喪父，此後卽與魏室無所關涉，其居鄉里，一也。若瑀當時同游輩—徐、陳、劉、應—於二十二年，魏大疫而一時俱逝，二也。操旣卒，丕、植兄弟鬩牆，文帝雖懷昔游，而終無念乎遺孤，三也。然則瑀所以遺籍者，豈但近文學、好音律而已邪！

世說任誕篇云：

阮仲容、步兵居道南，諸阮居道北。北阮皆富，南阮貧。七月七日，北阮盛曬衣，皆紗羅錦綺；仲容以竿掛大布犢鼻幝於中庭。人或怪之，答曰：「未能免俗，聊復爾耳。」

此或出於竹林七賢論，注引之曰：

諸阮前世皆儒學，善居室。唯咸一家尙道棄事，好酒而貧。舊俗，七月七日，法當曬衣。諸阮庭中爛然錦綺；咸時總角，乃豎長竿，掛犢鼻褌也。

太平御覽卷三十一所引稍異，云：

諸阮前世儒學，善屋室，內足於財，唯籍一巷尙道業，好酒而貧。舊俗，七月七日，法當曝衣，諸阮庭中爛然，莫非綈錦。咸時總角，乃堅（當作「豎」）長竿，標（當作「掛」）大布犢鼻褌於庭中，曰：「未能免俗，聊復共爾。」

此條最爲該備。然既云仲容掛犢鼻褌於庭中，不當突爾言「籍一巷」。若以仲容爲籍兄熙之子，居宅相接，其尙道業同，其好酒也同，而裴注所引「咸一家」說又自可疑。然則世說遂爾並言仲容、步兵者，豈以此乎？尋考元瑜既受學於中郎之門，復當倉曹之任，而言「諸阮前世儒學，善屋室，內足於財」，自屬可能，揆之嗣宗少年，亦足爲證。是知當如竹林七賢論所云，此但仲容家事耳，而與步兵無所關涉。

嗣宗三十三歲入仕，至入仕前之事蹟，則未見載錄，今試就詠懷諸篇以考見之，或有助於吾人之認識。

昔年十四五，志尙好詩書。被褐懷珠玉，顏閔相與期。開軒臨四野，登高望所思，丘墓蔽山岡，萬代同一時，千秋萬歲後，榮名安所之，乃悟羨門子，噭噭令自嗤。

此明嗣宗十四五以前，猶以儒學爲尙，時當魏文黃初四五年。雖魏武貴刑名，魏文慕通達，世風將變而未變，故嗣宗仍以顏閔相期也。自「開軒臨四野」而下，當爲撰時因感激而發，亦其思想顯已異轍之證也。

王子十五年，游衍伊洛濱。朱顏茂春華，辯慧懷淸眞。焉見浮丘公，舉手謝時人。輕蕩易恍惚，飄颻棄其身。飛飛鳴且翔，揮翼且酸辛。

王子所以自況。陳太初詩比興箋以為此但言明帝不能辨司馬懿之奸，輕以愛子付託，此說疑非，觀他首可知。

　少年學擊劍，妙伎過曲城。英風截雲霓，超世發奇聲。揮劍臨沙漠，飲馬九野坰，旗幟何翩翩，但聞金鼓鳴，軍旅令人悲，烈烈有哀情。念我平常時，悔恨從此生。

　平生少年時，輕薄好弦歌，西遊咸陽中，趙李相經過。娛樂未終極，白日忽蹉跎。驅馬復來歸，反顧望三河，黃金百鎰盡，資用常苦多，北臨太行道，失路將如何。

趙李，不必如諸家之強自解釋，吳景旭歷代詩話卷三十是條說最善，以為「咸陽游俠，或有其人，安知非朱家、郭解者流，有以動嗣宗興歎」，是寫實之作也。

　昔余游大梁，登于黃華顛，共工宅玄冥，高臺造青天。幽荒邈悠悠，悽愴懷所憐，所憐者誰子？明察自照妍。應龍沉冀州，妖女不得眠，肆侈陵世俗，豈云永厥年。

　駕言發魏都，南向望吹臺，簫管有遺音，梁王安在哉？戰士食糟糠，賢者處蒿萊，歌舞曲未終，秦兵已復來。夾林非吾有，朱宮生塵埃，軍敗華陽下，身竟為土灰。

按詠懷之作，彥和許以「阮旨遙深」，詩品謂「厥旨淵放，歸趣難求」。然於寫實處，亦正不少，用是而可以考見其行事之大凡焉。嗣宗本多才藝者，學劍，解音律。或有從軍之行，游踪所至，北臨沙漠，西屆咸陽，聞見既廣，感時傷懷，俠氣猶存，抑因感激而思路改轍，迄三十三歲見辟於太尉蔣濟之門，此一時期雖不可詳考，要爲關鍵所在，由嗣宗思想脈絡，亦足以證知也。

（二）易學

嗣宗說易，具見通易論。析其辭句，則十九從彖、象、繫辭、文言等翼傳來，豈嗣宗將以爲用此十篇卽可有以明易之心邪？漢書卷八十八儒林傳曰：

> 費直，字長翁，東萊人也。治易爲郎，至單父令。長於卦筮，亡章句，徒以彖、象、繫辭十篇、文言解說上下經。

是所謂費氏易者，亡章句，而以彖、象、繫辭十篇、文言解說上下經。亦唯用彖、象、繫辭十篇、文言解說上下經，始足以說明費氏易家法所在；亦一唯用此，乃得冠費易之名，而有以別施、孟、梁丘、京氏之易也。然則嗣宗之說易，蓋亦有所從受焉。

清經解一五一張惠言易義別錄周易馬氏條云：

> 費氏古文易徒以彖、象、繫辭、文言解說上下經，無章句。七錄有費氏章句四卷、蓋僞託，不足信。傳之者，前漢王璜，後漢陳元，鄭衆，皆無著書；有書自馬融始，七錄云：

「馬融傳九卷。」隋經籍志：「梁有漢南郡太守馬融注一卷，亡。」一疑九之誤，而釋文敍錄及唐藝文志皆有馬融傳十卷，孔穎達、陸德明、李鼎祚引馬融說，似俱親見其書，不知隋志何以云亡也。馬融爲易傳，授鄭康成，康成爲易注，於是費氏遂興。然陸德明以爲永嘉之亂，鄭注行世，而費氏之易無人傳者，豈以僞託之章句爲費氏邪？荀爽亦注費氏易者，其義又特異，或者費氏本無訓說，諸儒斟酌各家以通之，馬、鄭、荀各自名家，非費氏本學也。

張氏以爲或費氏本無訓說，諸儒各自名家。既云非費氏本學，則不得以費易名之；今既名之矣，是費氏本學明甚。以費易之本學，既所謂「亡章句，徒以彖、象、繫辭十篇、文言解說上下經」。用此，若前漢王璜、後漢鄭衆、陳元，雖無著書，亦得名之爲費易。馬融、鄭玄、荀爽，義雖各別，亦得謂之爲費易也。其固不止於但用費氏古文本者。輔嗣王氏，以費易鳴，其注乾初九潛龍勿用曰：

文言備矣。

用文言解說乾初九，當係費易之一例證，而輔嗣之注費易，其要尚不在於此也，而在於用文言附乾坤二卦，及以分爻之象辭各附當爻下，用明經義之所在。

蓋昔日易本，經文單行，而傳別出。今則裂傳附經，顯謂凡此傳，卽所以解說此經文也。而於始造之者，前人頗有異義，或曰費直，邵博、崇文總目、熊開來、胡一桂（以上並見經籍考卷八費易條引）、皮錫瑞（經學通論）等主之；或曰鄭玄，吳仁傑、馮椅（並見經籍考卷八費易條引）、顧炎武（日知錄）等主之；或曰王弼，孔穎達（周易正義）、湯用彤（王弼周易論語新義）等主之。然魏志卷四高貴鄉公紀正元二年夏四月丙辰帝幸太學條云：

帝又問曰：「孔子作彖象，鄭玄作注，雖聖賢不同，其所釋經義一也。今彖象不與經文相連，而注連之，何也？」（易博士淳于）俊對曰：「鄭玄合彖象於經者，欲使學者尋省易了也。」

此云「今彖象不與經文相連，而注連之」，從下文淳于俊對「鄭玄合彖象爲經」，知此「之」當指經與彖象，意謂經注仍爲二本，彖象雖不與經文相連，而注用彖象以解經，是卽所以爲連之也。湯錫予周易論語新義曰：

改竄周易，以經附傳，實頗出王弼之手。玉海朱震曰：「王弼以文言附乾坤二卦。」則文言傳之附入經文，始于輔嗣。又正義云：「弼意象本釋經，宜相附近，故分爻之象辭，各附當爻下。」則小象傳之附入經文，亦始于輔嗣。

由朱震，孔穎達兩家說，知輔嗣但以文言附乾坤二卦，及分爻之象辭各附當爻下，而未及象、象，此固康成所早已爲之者。然則今本周易，實經康成、輔嗣而底於成。康成時，經注誠爲兩本；輔嗣以文言附乾坤二卦，及以分爻之象辭各附當爻下，亦當指注而言，以昔時經注初非一本，亦非至輔嗣而始合，是但後來之象，此所以諸家說皆以誤耳。

反明嗣宗通易，「乾元初，潛龍勿用，言大人之德隱而未彰，潛而未達」，文言之辭也。「先王以建萬國，親諸侯」，此卦象辭也；「裁成天地之道，輔相天地之宜，以左右民」，泰卦象辭也；「遏惡揚善」，大有象辭也；「裒多益寡」，謙卦象辭也；……是嗣宗解卦，多引象辭而少用象。「象其物宜」謂之象，「言乎象者」謂之象（並見繫辭上），然則嗣宗用象之義可明。而嗣宗易學本于費氏，依于鄭、王，蓋亦可以考見之矣。

然嗣宗通易，初非易注，而爲文論。「詳觀論體，條流多品。……釋經則與傳注參體。」（文心雕龍卷四論說篇）是與釋經處，論亦或可視同傳注，而所造各異。彥和又曰：

論也者，彌綸羣言，而研精一理者也。……原夫論之爲體，所以辨正然否，窮于有數，追于無形，迹堅求通，鉤深取極；乃百慮之筌蹄，萬事之權衡也。故其義貴圓通，辭忌枝碎；必使心與理合，彌縫不見其隙；辭共心密，敵人不知所乘，斯其要也。

此論當指「玄論」而言，義貴圓通，辭共心密，要使「敵人不知所乘」，所以爲論難而設也。「迄至正始，務欲守文，何晏之徒，始盛玄論」，蓋正始談風最盛，「玄論」因起，相互表裏。然玄論既多以道德、才性著論，卽以經義，亦如易互體之專一理，初未能通論一經，綜覽全體，有如嗣宗此論。雖其義亦圓通，而不必待敵之來攻，此通易之所以但爲文論者也。

通易綜貫全經之義，以推論世變之由（劉申叔中古文學史語）。然嗣宗意初不止於此也，而在明其所以處世之道。其結文有云：

是以明夫天之道者不欲，審乎人之德者不憂。在上而不淩乎下，處卑而不犯乎貴。故道不可逆，德不可拂也。是以聖人獨立无悶，大羣不益，釋之而道存，用之而不可。

以爲如是而後始可謂之通易。蓋易之爲書，成于憂患，而聖人用之，將何所取乎？「明夫天之道者不欲，審乎人之德者不憂」，能不欲不憂者，「在上而不淩乎下，處卑而不犯乎貴」，此「聖人獨立无悶」之道也。

獨立无悶，出諸大過象辭，其說曰：

君子以獨立不懼，遯世无悶。

正義曰：

君子以獨立不懼，遯世无悶者，明君子生於衰難之時，卓爾獨立，不有畏懼，隱遯於世，而无憂悶。欲有遯難之心，其操不改；凡人遇此，則不能然。唯君子獨能如此，是其過越之義。

此猶未能盡无悶之義，乾文言初九曰：

「潛龍勿用，何謂也？」子曰：「龍德而隱者也。不易乎世，不成乎名，遯世无悶。不見是而无悶，樂則行之，憂則違之，確乎其不可拔，潛龍也。」

正義曰：

不成乎名者，言自隱默，不成就於令名，使人知也。遯世无悶者，謂逃遯避世，雖逢无道，心无所悶。不見是无悶者，言舉世皆非，雖不見善，而心亦无悶。上云遯世无悶，心處僻陋，不見是而无悶，此因見世俗行惡，是亦无悶，故再起无悶之文。樂則行之，憂則違之者，心以爲樂已則行之，心爲憂已則違之。確乎其不可拔者，身雖逐物推移，隱遯避世，心志所道，確乎堅實其不可拔，此是潛龍之義也。

正義所說，或有非嗣宗本義，然頗能講明「无悶」之道爲何如者。以君子生於衰難之時，卓爾獨立，不有畏懼，心以爲樂已則行之，心以爲憂已則違之，逐物推移，而心志不變其操，此潛龍之義，亦嗣宗之所以自況也。

（三）調和儒道

嗣宗少年浸潤於儒學，其後旁通老氏。既撰通易論，復有通老論，雖如是，終不菲薄周孔，遂貫穿而調和之，御覽一引其通老論曰：

道者，法自然而爲化。侯王能守之，萬物將自化。易謂之太極，春秋謂之元，老子謂之道。

道法自然而爲化，猶同前人之說，未見深意。然以老子之道，通乎易太極，春秋之元，則創發之功見矣。

蓋魏時風氣丕變，劉彥和曰：「迄至正始，務欲守文，何晏之徒，始盛玄論。於是聃、周當路，與尼父爭塗矣。」（文心雕龍卷四論說篇）正其實情。然尼父之教，早共信於中國，聃周之欲攔入爭塗，不亦難乎！自是必先有以示人以同，使稍見親，而後漸漬以代爲大國，此理之易明者也。魏志卷二十八鍾會傳注引何劭王弼傳曰：

時裴徽爲吏部郎，弼未弱冠，往造焉。徽一見而異之，問弼曰：「夫無者，誠萬物之所資也，然聖人莫肯致言，而老子申之無已者何？」弼曰：「聖人體無，無又不可以訓，故不說也；老子是有者也，故恆言無，所不足。」

世說文學篇引弼辭作：「聖人體無，無又不可以訓，故言必及有；老、莊未免於有，恆訓其所不足。」義稍勝。時際正始初年，調和儒道正成風氣，故有孔老有無之辯。又列子卷四仲尼篇注引何晏無名論引夏侯玄說曰：

天地以自然運，聖人以自然用。自然者，道也。道本無名，故老氏曰：「彊爲之名。」仲尼稱堯「蕩蕩無能名焉」，下云「巍巍成功」，則彊爲之名，取世所知而稱耳，豈有名而更當云無能名焉者邪？夫惟無名，故可得偏以天下之名名之，然豈其名也哉？

此則涉於道之所以得名，惟其得「偏以天下之名名之」，故能合老氏、仲尼之說而爲一，而此說正可與嗣宗通老論相互發明，吾人誠難測知其間成說之先後，意嗣宗或受太初之影響而更有所進。亦如孔老有無之辯，自其異者視之，則易之太極、春秋之元、老子之道，賦義各別，難相會通；惟其彊爲之通，取世所知而稱，始足以際此也。

嗣宗之通儒道，不僅彊化三名爲一，以調和孔老，又有達莊論。達者，通也，其言曰：

彼六經之言，分處之教也；莊周之云，致意之辭也。

雖篇中多譏儒者而美莊旨，似有褒貶於其間，然猶如此云云，則籍固以二者歸趨互異，各具其美。「資端冕，服驊騮」，雖不能「矯騰增城之上，遊玄圃之中」，自有用於世塗。亦猶乎天地萬物殊象，「自其異者視之，則肝膽楚、越也；自其同者視之，則萬物一體也」。世人則不然，徒知異之爲異，不知其同也；知偏之爲偏矣，不知其全。故曰：

夫守什五之數，審左右之名，一曲之說也；循自然、性天地者，寥廓之談也。凡耳目之官，名分之施，處官不易司，擧奉其身，非以絕手足，裂肢體也。然後世之好異者，不顧其本，各言我而已矣，何待於彼。殘生害性，還爲讎敵，斷割肢體，不以爲痛。目視色而不顧耳之所聞，目所聽而不待心之所思，心欲奔而不適性之所安。故疾癘萌則生意盡，禍亂作則萬物殘矣。

此皆一偏之罪，好異之過也。「夫善接人者，導焉而已，無所逆之。故公孟季子衣繡而見，墨子弗攻；中山子牟心在魏國，而詹子不距。因其所以來，用其所以至。循而泰之，使自居之；發而開之，使自舒之。」雖然，此亦所以用莊生無爲逍遙之旨，貴乎自得。然用此以通儒道之隔，豈不休哉！

（四）與司馬氏之關係

文選卷四十嗣宗詣蔣公奏記注引臧榮緒晉書曰：

太尉蔣濟，聞籍有才儁而辟之，籍詣都亭奏記。初，濟恐籍不至，得記欣然，遣卒迎之，而籍已去，濟大怒。於是鄉親共喻之，籍乃就吏，後謝病歸，復爲尙書郞。

奏記曰：

籍死罪死罪。伏惟明公，以含一之德，據上臺之位，羣英翹首，俊賢抗足，開府之日，人人自以爲掾屬，辟書始下，下走爲首。子夏處西河之上，而文侯擁篲；鄒子居黍谷之陰，而昭王陪乘。夫布衣窮居韋帶之士，王公大人所以屈體而下之者，爲道存也。籍無鄒、卜之德，而有其陋，猥見採擢，無以稱當。方將耕於東皐之陽，輸黍稷之稅，以避當塗者之路，負薪疲病，足力不强，補吏之召，非所克堪，乞迴謬恩，以光淸舉。

記稱開府之日，當是濟任太尉之初也，時在正始三年秋七月乙酉。是嗣宗三十三歲始見入仕，比於當時羣士，固已嫌晚近矣。從奏記及臧書，或可以測知補吏之召，初非所圖，故因以謝之，如元瑜之不應曹洪之召也。雖以鄉親之共喻，不得已而就，旋卽以歸，而復爲尙書郞可以知也。濟固依宣王屯洛水浮橋以誅曹爽者，實親司馬氏，嗣宗不欲從其游，豈以此乎，且世人多以爲嗣宗親魏室與叔夜同，其佯狂避世亦與叔夜同，然邪？非邪？蓋亦深可論者也。

魏志二十一王粲傳注引魏氏春秋曰：

（籍）後爲尙書郎，曹爽參軍，以疾歸田里，歲餘，爽誅。

籍之爲尙書郎，或在正始九年以前，然自郎署轉曹爽參軍，必在九年，由王戎十五歲見籍于郎舍可證。又歲餘，爽誅，是知籍之轉曹爽參軍爲期甚暫，而卽歸田里，時當爽執政高峯。爽、晏旣以敗亡，司馬氏遂代之以起，同書又曰：

爽誅，太傅及大將軍乃以爲從事中郎，後朝論以其名高，欲顯崇之，籍以世多故，祿仕而已。

按唐修晉書卷四十九本傳曰：「宣帝爲太傅，命籍爲從事中郎。及帝崩，復爲景帝大司馬從事中郎。」而魏氏春秋所謂太傅及大將軍者，實指懿、師父子。時師尙不在大將軍之位，故當從唐修晉書之說，籍但爲太傅從事中郎。及嘉平四年，宣王卒復，景帝爲大將軍，大司馬則久無其人，是知籍當爲大將軍從事中郎，而本傳誤。

據漢志，太傅從事中郎，千石，第六品，職參謀議。大將軍從事中郎同。嗣宗之居此職位，或因司馬氏以其名高，令在左右，既防爲人用，亦以示重名賢。然籠絡特甚，寵禮有加者，豈以此乎？文集引其首陽山賦序云：

正元元年初，余尙爲中郎，在大將軍府，獨往南牆下，北首陽山。

其賦有云：

在茲年之末歲兮，端旬首而重陰，風飈回以曲至兮，雨旋轉而纖襟，蟋蟀鳴乎東房兮，鶗鴂號乎西林。

觀此則賦成於深秋。又從魏志齊王紀、高貴鄉公紀，是年秋九月，大將軍司馬景王將謀廢帝，以聞皇太后。甲戌（十九日），太后令廢帝。丁丑（二十二日），以高貴鄉公髦嗣位。十月庚寅（初五），公入于洛陽。同日，卽皇帝位，改元正元。而其間正嗣宗居大將軍府之時也。本傳又曰：

高貴鄉公卽位，封關內侯，徙散騎常侍。

按魏志高貴鄉公紀曰：「正元元年冬十月甲辰，命有司論廢立定策之功，封爵、增邑、進位、班賜各有差。」籍既封爵進位，將謂籍有廢立定策之大功？尋考諸書，同時封關內侯者，唯得鍾會一人，魏志卷二十八會傳曰：「高貴鄉公卽尊位，賜爵關內侯。」是但封爵而未能進位，比籍已自不如。鍾會名公之子，司馬氏之親近左右，裴注稱「會歷機密十餘年，頗豫政謀」，然則籍之預謀明甚，世說任誕篇注引文士傳曰：

籍放誕有傲世情，不樂仕宦，晉文帝親愛籍，恆與談戲，任其所欲，不迫以職事。籍常（嘗）從容曰：「平生曾遊東平，樂其土風，願得爲東平太守。」文帝悅，從其意。籍便騎驢徑到郡，皆壞府舍諸壁障，使內外相望，然後敎令淸寧，十餘日，便復騎驢去。復聞步兵厨中有酒三百石，忻然求爲校尉，於是入府舍，與劉伶酣飲。

嗣宗以祿仕爲游戲，司馬氏何愛于嗣宗，而任其所欲？嗣宗又何見信于文帝，而得從容言事？雖以其亂官，初無警誡之說；而其敗俗，又有甚焉者，叔夜與山巨源絕交書有云：

阮嗣宗口不論人過，吾每思之，而未能及。至性過人，與物無傷，唯飲酒過差耳。至爲禮法之士所繩，疾之如讐，幸賴大將軍保持之耳。吾以不如嗣宗之賢，而有弛慢之闕……。

此或意味嗣宗幸賴大將軍之保持，而不爲禮法之士所罪者，以其口不論人過，此亦所以爲愼耳，世說德行篇亦謂：

晉文王謂阮嗣宗至愼，每與之言，言皆玄遠，未嘗臧否人物。

注引魏氏春秋曰：

宏達不羈，不拘禮俗。兗州刺史王昶請與相見，終日不得與言，昶愧歎之，自以爲不能測也。口不論事，自然高邁。

又引李康家誡曰：

昔嘗侍坐於先帝，時有三長史俱見，臨辭出，上曰：「爲官長當淸、當愼、當勤。修此三者，何患不治乎。」並受詔。上顧謂吾等曰：「必不得已而去，於斯三者，何先？」或對曰：「淸固爲本。」復問吾，吾對曰：「淸愼之道，相須而成，必不得已，愼乃爲大。」上曰：「卿言得之矣。可擧近世能愼者誰乎？」吾乃擧故太尉荀景倩、尙書董仲達、僕射王公仲。上曰：「此諸人者，溫恭朝夕，執事有恪，亦各其愼也。然天下之至愼，其唯阮嗣宗乎！每與之言，言及玄遠，而未嘗評論時事，臧否人物，可謂至愼乎！」

晉文所謂之「至愼」，非「溫恭朝夕，執事有恪」之謂，乃「未嘗評論時事，臧否人物」也。二者之中，前者尤要。時事，卽當時之政事；而當時之政事，指魏晉勢力消長之機，如廢置之等事也。嗣宗參與謀議，而「口不論事」，此文帝所以許其「能愼」、「至愼」也。故親愛之，保持之。然所以言於三長史及左右者，豈非黽勉左右，以追效嗣宗之迹哉！

（五）行為

嗣宗名譽既高，位復親貴，海內嚮往，而其所以示人者，則不遵禮法，動亂官箴。當世後來，每以為言，今試為之說焉。

若夫禮之為禮，因情而生，教理相輔，使民遵循不失其道，而家國以治。今觀嗣宗所為，如

文選卷二十一五君詠注引晉陽秋曰：

> 阮籍嫂嘗歸家，籍相見與別，或以禮譏之，籍曰：「禮豈為我設邪？」

又世說任誕篇曰：

> 阮公鄰家婦有美色，當壚酤酒，阮與王安豐常從婦飲酒，阮醉，便眠其婦側，夫始殊疑之，伺察，終無他意。

又注引王隱晉書曰：

> 籍鄰家處子有才色，未嫁而卒，籍與無親，生不相識，往哭，盡哀而去。其達而無檢，皆此類也。

而最爲禮法之士所讓者，則爲居母喪而棊如故，飲食酒肉和故，御覽卷七四三引鄧粲晉紀曰：

阮籍母死，與人棊如故，既而飲酒三升，擧聲一號，吐血數升。

又卷四八七引晉書：

阮籍居喪骨立，幾致滅性。裴楷往弔之，籍散髮箕踞，醉而直視，楷弔哭畢，便去。或問楷：「凡弔者主哭，客乃如禮。籍既不哭，君何爲哭？」楷曰：「阮方外之士，故不崇禮典；我俗中之士，故以軌儀自居。」

似此行爲，誠如王書所云「其達而無檢」也，雖今世猶得謂之非禮，況乎魏晉之時。何曾讓之也宜，世說任誕篇引其辭曰：「明公（晉文王）方以孝治天下，而阮籍以重喪顯於公坐，飲酒食肉，宜流之海外，以正風敎」而似此等行爲，敗人倫，傷風化，劉大杰氏魏晉思想論却以其「稍稍接近人性」，不亦過乎！而其眞所以「淸其質而濁其文」（嗣宗達莊論語）？抑另有所不得已？易小過象曰：「君子以行過乎恭，喪過乎哀，用過乎儉。」而嗣宗通易論變化之，曰：「君子是以行重乎恭，喪重乎哀，篤僞薄也。」實所以抒其懷抱，有感于時而復發之也。其淸思賦亦曰：「余以爲形之可見，非色之美；音之可聞，非聲之善。」蓋以形之爲形，有超乎色者；音之爲音，有超乎聲者。色、聲，但爲外在之偶然，非本質之實然也。亦猶乎行、喪、恭、哀而已，去恭、哀，則雖合于禮，適足表其僞。發乎情，止乎禮，今禮旣亂于世之所謂禮法之士，嗣宗不欲同流，但依情而發，任情而止，初不計世人之好惡也。或曰：「籍本有濟世志，屬魏晉之際，天下多故，遂酣飲爲常。」（文選卷四十詣蔣公奏記注引臧榮緒晉書）此或符於嗣宗淸質濁文之說矣。御覽卷四九八引王隱晉書說則頗以異，其言曰：

魏末，阮籍有才而嗜酒荒放，露頭散髮，裸袒箕踞，作二千石不治官事，日與鈴（按當作伶，劉伶也）下共飮酒歌呼，時人或以籍生在魏（晉）之交，欲佯狂避時，不知籍本性自然也。

情發於不得不發，止於不得不止，此自然耳。至嗜酒荒放，露頭散髮，裸袒箕踞，作二千石不治官事，飮酒歌呼，則不必本性自然，世說任誕篇云：

阮渾長成，風氣韻度似父，亦欲作「達」，步兵曰：「仲容已預之，卿不得復爾。」

注引竹林七賢論曰：

籍之抑渾，蓋以渾未識己之所以爲「達」也。

是則明言嗣宗之所以爲「達」，蓋有所爲而爲之也。若其發言玄遠，而不臧否人物、論及時事，此文王所以許爲至愼者。然內實有所鬱積，期於一吐而復快，文集引其首陽山賦云：

……時將暮而無儔兮，慮悽愴而感心。振沙衣而出門兮，纓委絕而靡尋。步徙倚以遙思兮，喟歎息而微吟。將修飾而欲往兮，衆齷齪而笑人。靜寂寞而獨立兮，亮孤植而靡因。懷分索之情一兮，穢羣僞之射眞，信可實而弗離兮，寧高舉而自賓。聊仰首以廣頫兮，瞻首陽之岡岑，樹蓁茂以傾倚兮，紛蕭爽而揚音，下崎嶇而無薄兮，上洞徹而無依，鳳翔過而不集兮，鳴梟羣而竝棲。……

此雖形容首陽，亦所以明其心境，但時勢之所逼迫，雖明知而故留。御覽四八七引晉書亦言其「時率意獨駕，不由徑路，車迹所窮，輒慟哭而返」，其情可哀，然所以處魏晉間之用心可謂至矣。故雖「長嘯韻響寥亮」，孫登遇之，終無一語，而相待有若叔夜（見世說棲逸篇並注文），豈以叔夜獨得天眞，嗣宗但佯似而未必然邪？

三　阮咸研究

(一)門　風

咸字仲容，陳留尉氏人，籍兄武都太守熙之子也。世說任誕篇注引竹林七賢論曰：

諸阮前世皆儒學，善居室。唯咸一家尙道棄事，好酒而貧。舊俗，七月七日，法當曬衣。諸阮庭中爛然錦綺，咸時總角，乃竪長竿，掛犢鼻幝也。

咸總角時，咸家固已趨於貧困，唯其時咸方總角，初不足論此，知或由其先世尙道業棄事故也，而與籍有異。

然自其掛犢鼻幝於後庭，聊以應景，知其曠達不拘，早顯于少年時矣。世說賞譽篇注引名士傳稱咸「任達不拘，……少嗜欲，哀樂至到，過絕於人」，又引中興書，其子孚爽朗多所遺，「風韻疎誕，少有門風」，是咸門風本來疎誕，所行有自。任誕篇曰：

阮渾長成，風氣韻度似父，亦欲作「達」。步兵曰：「仲容已預之，卿不得復爾。」

注引竹林七賢論曰：

籍之抑渾，蓋以渾未識己之所以爲達也。

若以嗣宗作「達」爲有所爲而爲，則仲容當不得預之，以其無所爲而爲之也。任誕篇又曰：

諸阮皆能飲酒，仲容至宗人間共集，不復用常盃斟酌，以大甕盛酒，圍坐相向大酌，時有羣豬來飲，直接去上，便共飲之。

又曰：

阮仲容先幸姑家鮮卑婢。及居母喪，姑當遠移，初云：當留婢。既發，定將去。仲容借客驢，箸重服自追之，累騎而返，曰：「人種不可失。」即遙集之母也。

遙集，卽孚之字。似此等行爲，適足以致其敗耳，故注引竹林七賢論曰：

咸既追婢，於是世議紛然，自魏末沉淪閭巷，逮晉咸寧中，始登王途。

有所爲而作「達」，嗣宗得「至愼」之名；無所爲而作「達」，仲容始以沉淪閭巷，再則不獲擢進，賞譽篇注引山濤啓事曰：

吏部郎史曜出處缺當選，濤薦咸曰：「眞素寡欲，深識淸濁，萬物不能移也。若在官人之職，必妙絕於時。」詔用陸亮。

又引晉陽秋曰：

咸行已多違禮度，濤舉以爲吏部郎，世祖不許。

又引竹林七賢論曰：

山濤之舉阮咸，固知上不能用，蓋惜曠世之儁，莫識其意故耳。夫以咸之所犯方外之意，稱其「淸眞寡欲」，則迹外之意自見耳。

戴逵自意度之辭，巨源三請而武帝不用（見文選卷二十一五君詠注引曹嘉之晉紀），其眞知上之不能用邪？李注復引文士傳謂「阮咸哀樂至，過絕於人，太原郭弈見之心醉，不覺歎服」，是仲容自亦一時之儁也。

(二) 音律

咸祖瑀與諸父籍並以善音律見稱，咸尤精焉。世說術解篇曰：

荀勗善解音聲，時論謂之闇解。遂調律呂，正雅樂，每至正會，殿廷作樂，自調宮商，無不諧韻。阮咸妙賞，時謂神解。每公會作樂，而心謂之不調，旣無一言直，勗意忌之，遂出阮爲始平太守。後有一田父耕於野，得周時玉尺，便是天下正尺，荀試以校已所治鍾鼓金石絲竹，皆覺短一黍，於是伏阮神識。

注引晉諸公贊曰：

> 律成，散騎侍郎阮咸謂勗所造聲高，高則悲。夫亡國之音哀以思，其民困，今聲不合雅，懼非德政中和之音，必是古今尺有長短所致然，今鍾磬是魏時杜夔所造，不與勗律相應，音聲舒雅，而久不知夔所造，時人爲之，不足改易。勗性自矜，乃因事左遷爲始平太守，而病卒後，得地中古銅尺，校度荀今尺，短四分，方明咸果解音，然無能正者。

「散騎侍郎」，文選卷二十一五君詠注引作「中護軍長史」，唐修晉書卷四十九本傳從前說，而卷二十二樂志引此事始末，於得周時玉尺後，更曰：「於此伏咸之妙，復徵咸歸。」然則仲容之仕途，與其通音律乃特具關連也，而並繫之於荀公曾。

今考晉既代魏有天下，頗改魏樂，主之者荀公曾勗，而事在泰始九、十年間，隋書卷十六律歷志綜引徐廣、徐爰、王隱等晉書云：

> 武帝泰始九年，中書監荀勗校太樂八音不和，始知後漢至魏，尺長於古四分有餘。勗乃部著作郎劉恭，依周禮制尺，所謂古尺也。依古尺更鑄銅律呂，以調聲韻。以尺量古器，與本銘尺寸無差；又汲郡盜發六國時魏襄王冢，得古周時玉律及鍾磬，與新律聲韻闇同；于時郡國或得漢時故鍾吹，新律命之皆應。

續引梁武鍾律緯云：

祖沖之所傳銅尺，其銘曰：「晉泰始十年，中書考古器，揆校今尺，長四分半，所校古法有七品：一曰姑洗玉律，二曰小呂玉律，三曰西京銅望臬，四曰金錯望臬，五曰銅斛，六曰古錢，七曰建武銅尺。姑洗微强，西京望臬微弱，其餘與此尺同。（原注：銘八十二字。）」此尺者，勗新尺也。今尺者，杜夔尺也。雷次宗、何胤之二人作鍾律圖，所載荀勗校量古尺，文與此銘同。

以此觀之，則公曾所爲，但「奏造新度，更鑄律呂」。蓋前世「律度量衡並因秬黍，散爲諸法，其率可通」，制尺所以正音，荀氏新尺雖「人間未甚流布」，然頗用以「調音律」。（前二條引隋書律曆志語，而後二條採自晉書律歷志）隋志且以此尺爲本，校諸代尺一十五等，制之善也可知矣。

而晉諸公贊及世說術解篇獨推咸之妙賞神解，聆勗樂而心謂之不調，並證以出土古尺，然時異世改，「黍有小大之差，年有豐耗之異，前代量校，每有不同」，何足爲勗罪？故晉書卷十六律歷志曰：

史臣按勗於千載之外，推百代之法，度數既冥，聲韻又契，可謂切密，信而有徵也。而時人寡識，據無聞之一尺，忽周漢之兩器，雷同臧否，何其謬哉！

正所以譏之。且晉諸公贊、世說術解篇所云亦似為一事，始平所得，一曰周時玉尺，一曰中古銅尺，亦難徵信，殊屬可疑。是以吾人雖可確言咸有左遷始平之事，固不必謂咸因妙解音律而見忌於勗也。

四　王戎研究

(一)　家世與入仕

王戎，字濬冲，琅邪人，太保祥之宗族也，世說附琅邪臨沂王氏譜載戎之家世曰：

琅邪王氏，本居皋虞，後徙臨沂。

一世

雄：覽（祥弟）從祖兄。魏幽州刺史。

二世

渾：雄子。晉涼州刺史，貞陵亭侯。

乂：雄子。字叔元，魏平北將軍。

三世

戎：渾子。字濬冲。襲封貞陵亭侯。

自戎之家族言之，但爲巨族之旁支。自其先代觀之，雄旣出刺幽州，渾亦一長涼州，皆屬邊任，而官非顯赫也。

然渾長涼州，但後來之事，初固宦於京師，此由戎居止可知。世說雅量篇云：

魏明帝於宣武場中斷虎爪牙，縱百姓觀之，王戎七歲，亦往看。

戎七歲，當齊王芳正始之二年，而明帝早於景初二年十二月乙丑寢疾不豫，時戎不過五齡童耳。雖年時有差語，戎五齡前後當或在洛陽也。又賞譽篇云：

王濬冲、裴叔則二人總角詣鍾士季，須臾去。後客問鍾曰：「向二童何如？」鍾曰：「裴楷清通，王戎簡要。」

注引晉陽秋曰：

戎爲兒童，鍾會異之。

卽因戎兒時在洛，故得見會，爲後日會引薦戎之前因。又簡傲篇注引晉陽秋曰：

戎年十五，隨父渾在郎舍，阮籍見而說焉。每適渾，俄頃，輒在戎室。久之，乃謂渾：「濬冲清尙，非卿倫也。」

就前引諸條，知戎少年時多在京師，且見賞於鍾會、阮籍。然不必言其始終居洛也，德行篇引戎云：

與嵇康居二十年，未嘗見其喜慍之色。

按戎少康十一歲，故康死時，戎年二十九。康於正始間，正當婚姻魏室，固居洛為官無疑。然既辭去，或居山陽，或來京師，初非止於一處，戎云與康居二十年，終難信眞，實槪略之辭也。注引康別傳曰：

所知王濬冲在襄城，面數百。

襄城，屬潁川。是戎嘗一度居于襄城，而與康時相見面也。然則戎少年時代之得居京師、潁川，影響後日至大。蓋既得以獲交嵇、阮，復見賞於鍾會也。唐修晉書卷四三本傳於戎早年事蹟多不標年，但曰：

襲父爵，辟相國掾，歷吏部，黃門郎，散騎常侍，河東太守，荊州刺史。

今考戎之入仕，，因鍾會之薦擧，文選卷五十八王儉褚淵碑文注引臧榮緒晉書曰：

裴楷字叔則，河東人也，為尙書郎。吏部郎闕，太祖問其人於鍾會，會曰：「裴楷淸通，王戎簡要，皆其選也。」是以楷為吏部郎。

而藝文類聚卷四八引王隱晉書則曰：

王戎名位淸貴，二十四為吏部郎。

按司馬昭於高貴鄉公正元二年（西紀二五五年）繼師執政，戎年二十四，是其後兩年也。若以戎之入仕，在二十四歲，自屬可能；若以戎卽爲吏部郞，事則可疑。以此二條出處雖異，當指一事之同時，豈楷、戎一時而俱爲吏部郞邪？吏部郞員一，初非有二也。世說賞譽篇曰：

　吏部郞闕，文帝問其人於鍾會，會曰：「裴楷淸通，王戎簡要，皆其選也。」於是用裴。

說同前引臧書，不以戎爲吏部郞也，而歸之於楷。注曰：

　按諸書皆云鍾會薦裴楷、王戎於晉文王，文王辟以爲掾，不聞爲吏部郞。

劉孝標既目見諸書，皆云文王用楷、戎爲掾，當可置信。至吏部郞，仍當歸之於楷，不爲戎有也，且亦爲稍晚之事。

而戎襲爵貞陵亭侯，二十二歲以後辟相國掾，歷黃門郞，散騎常侍，河東太守，又二十年，始爲荊州刺史，時爲晉武帝咸寧二年（西紀二七六年），戎則四十三歲矣。（從萬斯同晉方鎭年表說）

(二) 事　功

戎之事功，極於伐吳之役。

戎以咸寧四年（西紀二七八年）遷豫州刺史，加建威將軍。明年，杜預表請伐吳，許之。遂遣鎮軍將軍、琅邪王伷出涂中，安東將軍王渾出江西，建威將軍王戎出武昌，平西將軍胡奮出夏口，鎮南大將軍杜預出江陵，龍驤將軍王濬、廣武將軍唐彬率巴蜀之卒，浮江而下，東西凡二十餘萬，以太尉賈充爲大都督，行冠軍將軍楊濟爲副，總統衆軍（見晉書卷三武紀）。是戎領一軍，當方面之任也。

自五年十一月受命伐吳，迄翌年二月乙亥，戎軍獨無所進奪，武紀咸寧六年條云：

（春正月）癸丑，王渾剋吳尋陽、賴鄉諸城。……二月戊午，王濬、唐彬等剋丹陽城。庚申，又剋西陵。……壬戌，濬又剋夷道、樂鄉城。……甲戌，杜預剋江陵，平南將軍胡奮剋江安，於是諸軍並進，樂鄉、荆門諸戍相次來降。乙亥，以濬爲都督益、梁二州諸軍事。

各路進展之遲速，顯然可見。或以武昌城池深固，又得陶濬之兵，吳志卷三孫皓紀天紀三年：

夏，郭馬反。……皓又遣徐陵督陶濬將七千人，從西道（討）。……冬，晉命鎮東大將軍司馬伷向涂中，安東將軍王渾、揚州刺史周浚向牛渚，建威將軍王戎向武昌，平南將軍胡奮向夏口，鎮南將軍杜預向江陵，龍驤將軍王濬、廣武將軍唐彬浮江東下，太尉賈充爲大都督，量宜處要，盡軍勢之中。陶濬至武昌，聞北軍大出，停駐不前。

其時兵勢決於江，夏口、武昌，其關鍵所在，故武帝詔諸軍曰：

濬、彬東下，掃除巴丘，與胡奮、王戎共平夏口、武昌，順流長鶩，直造秣陵，與奮、戎審量其宜。杜預當鎮靜零、桂，懷輯衡陽，大兵既過，荊州南境固當傳檄而定，預當分萬人給濬，七千給彬。夏口既平，奮宜以七千人給濬。武昌既了，戎當以六千人增彬。太尉充移屯項，總督諸方。

方略既定，此後之軍事行動，多遵此詔。而戎之下武昌，亦因王濬而後得以成功，本傳曰：

戎遣參軍羅尚、劉喬，領前鋒進攻武昌，吳將楊雍、孫述、江夏太守劉朗，各率衆詣戎降。戎督大軍臨江，吳牙門將孟泰，以蘄春、邾二縣降。

而吳將陶濬之離去，與兵力之懸殊，當亦爲原因之一，吳志皓紀天紀四年：

（三月）戊辰，陶濬從武昌還，卽引見。問水軍消息，對曰：「蜀船皆小，今得二萬兵，乘大船戰，自足擊之。」於是合衆授濬節鉞。

然夏口、武昌既入晉手；濬新組之軍，「其夜，衆悉逃走」，無復障礙矣，武紀云：

濬進破夏口，武昌，遂泛舟東下，所至皆平。

平吳之役，因濬舟師至石頭，而得迅告結束。其間，武昌之攻奪，實屬最大且要之戰。五月庚辰，論功行封，戎遂進爵安豐縣侯，增邑六千戶，賜絹六千匹。

（三）處世之道

唐修晉書卷四十三王戎傳言戎進爵安豐縣侯，並云：

> 戎渡江綏慰新附，宣揚威惠。吳光祿勳石偉，方直不容皓朝，稱疾歸家，戎嘉其清節，表薦之，詔拜偉爲議郎，以二千石祿終其身，荆土悅服，徵爲侍中。

是戎渡江綏慰新附，在進爵後，隨即以徵聞。自是以迄其卒，二十餘年間，自侍中，歷光祿勳，吏部尚書，太子太傅，中書令，尚書左僕射，轉司徒，尚書令。宦途順遂，位尊爵顯，然同書又云：

> 自經典選，未嘗進寒素，退虛名，但與時浮沉，戶調門選而已。尋拜司徒，雖位總鼎司，而委事僚寀。

又曰：

> 間乘小馬，從便門而出游，見者不知其三公也。故吏多至大官，道路相遇，輒避之。

世說儉嗇篇注引晉諸公贊曰：

戎性簡要，不治儀望，自遇甚薄，而產業過豐，論者以爲臺輔之望不重。

戎非且宦事不理，威儀不脩，諸書又多復稱說其好貨而儉嗇，世說儉嗇篇凡九條，而言戎者四，其儉嗇亦可謂至矣。書云：

司徒王戎，既富且貴，區宅、僮牧、膏田、水碓之屬，洛下無比，契疏鞅掌，每與夫人燭下散籌筭計。

注引王隱晉書曰：

戎好治生，園田周偏天下，翁嫗二人，常以象牙籌，晝夜筭計家資。

儉嗇篇又曰：

王戎女適裴頠，貸錢數萬，女歸，戎色不悅，女遽還錢，乃釋然。

王戎儉吝，其從子婚，與一單衣，後更責之。

王戎有好李，常賣之，恐人得其種，恆鑽其核。

是故注引王隱晉書曰：

戎性至儉，不能自奉養，財不出外，天下人謂爲膏肓之疾。

然濬冲「膏肓之疾」，特後起之象，德行篇云：

王戎父渾有令名，官至涼州刺史（注引世語曰：「渾字長原，有才望，歷尚書，涼州刺史。」）。渾薨，所歷九郡義故，懷其德惠，相率致賻數百萬，戎悉不受（注引虞預晉書曰：「戎由是顯名。」）。

是濬冲幼時嘗以不受賻金獲令譽，而今則晝夜筭計，何其不類之甚也。儉嗇等注引晉陽秋曰：

戎多殖財賄，常若不足，或謂戎以此自晦也。

此或可解釋濬冲之好貨。另舉一事，與之可資相互發明，雅量篇云：

王戎爲侍中，南郡太守遺簡中箋布五端，戎雖不受，厚報其書。

注引竹林七賢論曰：

戎報肇書，議者僉以爲譏，世祖患之，乃發口言曰：「以戎之爲士，義豈懷私。」議者乃息。

唐修晉書本傳引說稍異，云：

帝謂朝臣曰：「戎之爲行，豈懷私苟得？正當不欲爲異耳。」

是戎本非懷私苟得之徒，所以儉嗇好貨者，固有其不得已耳。以晉自平吳役後，天下初定，朝廷遂以多事，內爭不絕，八王相殘，動輒得咎，大臣處乎其間，蓋亦難矣，而多有被殺者，故儉嗇篇注引戴逵論之曰：

王戎晦默於危亂之際，獲免憂禍，既明且哲，於是在矣。或曰：「大臣用心，豈其然乎？」逵曰：「運有險易，時有昏明。如子之言，則蘧瑗、季札之徒，皆負責矣。自古而觀，豈一王戎也哉！」

晉書本傳亦由是論曰：

戎以晉室方亂，慕蘧伯玉之爲人，與時舒卷，無蹇諤之節。

綜上所言，知濬沖固亦一有爲而達者也。方其「僞藥發墮廁」，得以不及葛旟之禍，誠如博士王繇之所云，「濬沖譎詐多端」，信爲的論。

五 劉伶研究

(一) 容貌與性情

劉伶，字伯倫，沛國人。世說容止篇云：

劉伶身長之尺，貌甚醜顇。而悠悠忽忽，土木形骸。

注引梁祚魏國統亦言伶：

形貌醜陋，身長六尺，然肆意放蕩，悠焉獨暢，自得一時。

御覽卷三八二引王隱晉書，於伶之身量、形貌，亦有相同之記載。六尺，約當今一、四五公尺，或四呎七吋五（據楊寬中國歷代尺度考劉復氏推算而得），中人以下之身材也，故諸書特以標明之。而伯倫之醜，與叔夜之美較之，成一至具興味之對比，容止篇注引康別傳曰：

康長七尺八寸，偉容色，土木形骸，不加飾厲，而龍章鳳姿，天質自然，正爾在羣形之中，便自知非常之器。

叔夜、伯倫美醜互異，土木形骸則同，而醜者愈醜，美者愈以美矣。

伶形貌雖醜，固未損其自得之情，文選卷二十一五君詠，顏延年詠劉參軍云：

劉伶善閉關，懷情滅聞見。

李善注曰：

言道德內充，情欲俱閉，既無外累，故聞見皆滅。

其言摻合內典，難相形容，而注又引臧榮緒晉書曰：

伶潛嘿少言。

潛嘿獨照於內，悠焉獨暢於外，肆意放蕩，自得一時，伯倫之精神在此。然所以如此者，非伯倫性情之本眞，實假酒以逃世。方其沉湎於酒也，超然而莫知其生。舉若世間萬事萬物，何有於我？然則酒之爲用大矣哉！發之於口，遂形諸筆，成酒德頌一篇，頌曰：

有大人先生，以天地爲一朝，萬物爲須臾，日月爲扃牖，八荒爲庭衢，行無轍迹，居無室廬，幕天席地，縱意所如。止則操巵執觚，動則挈榼提壺，唯酒是務，焉知其餘。有貴介公子，搢紳處士，聞吾風聲，議其所以。乃奮袂攘襟，怒目切齒，陳說禮法，是非鋒起。先生於是方捧甖承槽，銜杯漱醪，奮髯踑踞，枕麴藉槽，無思無慮，其樂陶陶，兀然而醉，豁爾而醒。靜聽不聞雷霆之聲，熟視不覩泰山之形，不覺寒暑之切肌，利欲之感情。

俯觀萬物，擾擾焉如江漢之載浮萍，二豪侍側焉，如蜾蠃之與螟蛉。

阮、劉並道大人先生。嗣宗以萬里爲一步，以千歲爲一朝；伯倫亦以天地爲一朝，萬物爲須臾，日月爲扃牖，八荒爲庭衢。嗣宗以人比虱之處于褌中，伯倫亦然，世說任誕篇注引鄧粲晉紀云：

客有詣伶，值其裸袒，伶笑曰：「吾以天地爲宅舍，以屋宇爲幝衣。諸君自不當入我幝中，又何惡乎？」其自任若此。

其自任放達亦可謂至矣。然嗣宗特用此明心，而伯倫則爲一己之眞實寫照，「唯酒是務，焉知其餘」，所逃者，不僅在於「寒暑之切肌」，更在於「利欲之感情」，而後乃能「無思無慮，其樂陶陶」，伯倫之心蓋亦苦耳。

(二)仕宦

嗣宗、伯倫並道大人先生，其好酒也同。唐修晉書卷四十九阮籍傳云：

文帝初欲爲武帝求婚於籍，籍醉六十日，不得言而止。

而世說任誕篇亦曰：

劉伶病酒渴甚，從婦求酒。婦捐酒毀器，涕泣諫曰：「君飲太過，非攝生之道，必宜斷之。」伶曰：「甚善！我不能自禁，唯當祝鬼神，自誓斷之耳。便可具酒肉。」婦曰：「敬聞命。」供酒肉於神前，請伶祝誓。伶跪而祝曰：「天生劉伶，以酒爲名，一飲一斛，五斗解酲，婦人之言，愼不可聽。」便引酒進肉，隗然已醉矣。

注曰：「見竹林七賢論」，是世說引竹林七賢論原文也。然二人似同實異，以伶本性好酒，而籍有意作達。世說任誕篇注引文士傳云：

（籍）後聞步兵厨中有酒三百石，忻然求爲校尉。於是入府舍，與劉伶酣飲。

又引竹林七賢論曰：

籍與伶共飲步兵厨中，並醉而死。

孝標云此但「好事者爲之言」，不必爲眞。然「並醉而死」，似明酗酒之甚，故是形容之詞，而阮、劉之交厚亦由是可見。嗣宗既爲步兵校尉，伯倫則似無所事事，豈但爲嗣宗之門客也邪？

吾人於伯倫之生平事蹟所知殊尠，文選卷二十一五君詠注引竹林名士傳、卷四十七酒德頌注引臧榮緒晉書，但言其「爲建威參軍」，而世說任誕篇注亦僅謂「伶太始中猶在」。唯唐修晉書卷四十九本傳說較詳盡，云：

爲建威參軍。泰始初對策，盛言无爲之化，時輩皆以高第得調，伶獨以无用罷。竟以壽終。

今按本傳說似有可疑。由武紀及王戎傳，戎以咸寧四年（西紀二七八年）遷豫州刺史，加建威將軍。明年，杜預表請伐吳，遣建威將軍王戎出武昌，是爲建威之出處，伶如爲建威參軍，必在其時。以又明年（咸寧六年，西紀二八〇年），戎遣參軍羅尙、劉喬，領前鋒進攻武昌，此參軍，卽俗稱建威參軍也，而與伶同列。參軍，無定員，職參謀議，伶非長於兵，而能處其位者，私交也。以此觀之，事當在泰始（西紀二六五—二七四年）初對策被罷之後。

又伶既盛言无爲之化，益以酒德荒唐之辭，亦可稍窺其思想旨趣之所歸矣。

六　嵇康研究

（一）姓氏與先世之傳說

世說德行篇注引王隱晉書曰：

稽本姓奚，其先避怨，徙上虞，移譙國銍縣。以出自會稽，取國一支，音同本奚焉。

「徙」字不可通，或當作「從」，故後復曰「以出自會稽」。又魏志卷二十一王粲傳注引虞預晉書曰：

康家本姓奚，會稽人。先自會稽遷於譙之銍縣，改為嵇氏。取稽字之上山以為姓，蓋以志其本也。一曰：銍有嵇山，家於其側，遂氏焉。

據唐修晉書卷八十二王隱傳，隱「父銓，少好學，有著述之志，每私錄晉事，及功臣行狀，未就而卒。隱以儒素自守，不交勢援，博學多聞，受父遺業，兩都舊事，多所諳究。太興初，典章稍備，乃召隱及郭璞俱為著作郎，令撰晉史。時著作郎虞預私撰晉書，而生長東南，不知中朝事，數訪於隱，並借隱所著書竊寫之，所聞漸廣」。是隱兩代治晉史，而虞書多有出於王書者。然預固博訪衆採，且生長東南，今列二說，是又頗加强於處叔也。至唐修晉書卷四十九康本傳，遂綜之曰：

> 嵇康，字叔夜，譙國銍人也。其先姓奚，會稽上虞人，以避怨徙焉。銍有嵇山，家於其側，因而命氏。

渾然雜衆家說一以貫之，此唐修晉書所僂為也，其說似圓。然則說果眞邪？非邪？將別有說邪？此所以不得不審愼而詳考之也。

元和姓纂卷三嵇姓條云：

> 夏少康封少子季杵（按：當作季杼。史記夏本紀索隱引系本云：「季佇作甲者也。」佇、予也，杼也。通志正作季杼。）於會稽，遂為會稽氏（孫星衍、洪瑩二氏據秘笈新書增），漢初徙譙嵇山，改為嵇氏。

通志氏族略以地為氏嵇氏條同。其以嵇氏先世但為會稽氏，與前說大異。故姓觿卷二嵇姓條舍之另引姓苑之說：

> 夏少康封支子于會稽，後徙譙嵇山，因為嵇氏。

又姓解卷二嵇姓條引姓苑云：

本姓奚，避難，潛於嵇山，因爲氏焉。

是又頗採晉書之說矣。本姓奚，而非爲會稽氏，且亦不言自漢初徙來。似此云云，殊不足以自解，以奚氏者，諸家並以其爲夏車正奚仲之後，通志氏族略以名爲氏奚氏條云：

望出譙國。

姓觿卷二奚姓條引千家詩亦云：

譙郡族。

說豈不可怪也哉！若嵇氏先世固奚姓者，以避怨而擧族歸於譙，何一支改姓爲？若奚氏因嵇山而改姓，又何但爲譙郡族而非會稽也？且奚固爲譙郡族矣，設因避怨而改姓，自當遠去，今留譙而不徙，尙復何益于避怨？若從諸家晉書之說，此三難固難以遽解；若從元和姓纂、通志氏族略之說，則三難立解，而理自可通也。由是吾人可得一較爲可信且合理之理論，此卽鄭志所說：

夏少康封少子季杼於會稽，遂爲會稽氏。漢初徙譙嵇山，改爲嵇氏。

是爲「嵇」姓之由來，及有關其先世之傳說也。

（二）父兄與家境

不僅康之姓氏、先代，其父兄同然予吾人以極大之困惑，而其間關係牽纏，有非能獨立而言之者。今考康之先代初非有藉藉名，魏志卷二十一王粲傳注引嵇氏譜惟及其父，謂：

康父昭，字子遠，督軍糧，治書侍御史。

按宋書卷二十百官志云：

治書侍御史，掌舉劾，官品第六已上。漢宣帝齋居決事，令御史二人治書，因謂之治書御史。漢東京使明法律者爲之，天下讞疑事，則以法律當其是非。魏、晉以來，則分掌侍御史所掌諸曹，若尙書二丞也。

又通典卷二十四職官侍御史條注引漢官儀曰：

侍御史，出督州郡盜賊，運漕，軍糧，言督軍糧侍御史。

是卽其官也。然則嵇昭之官至淸貴，而當在漢季魏初。以康生於黃初四年，其與山巨源絕交書云其「少加孤露」，可爲明證。

卽因於康先世唯得一昭名，他皆闕如，故侯外廬、紀玄冰、杜守素、邱漢生四氏於所合撰之中國思想通史第二卷第十五章嵇康的心聲二物論詭辯思想一文中，遂比之於曹操、夏侯惇、夏侯淵輩，以爲及其父兄而始發跡。以譙乃曹操龍興之地，譙人多有以賤驟貴者。益以晉書謂嵇先世本奚姓，遂以為既徙地以避怨，何必更改姓為？抑嵇本賤姓，故詭稱本姓奚，因避怨而改姓，而實嵇姓也。

侯氏等之說康先世實嵇姓也，甚確，而所以致此者，則猶有可論焉。誠然，嵇非巨姓郡望，奚則譙郡族也，其攀附之迹甚顯。而嵇氏先世之改姓，雖見于王隱、虞預之書，然矛盾不可致詰，如前所論證者，亦嵇喜、康所不言也。督軍糧治書侍御史之官誠清貴，昭雖以譙人而居是任，不必言因譙而得為此官也。以曹操固唯材是用，不因親舊而輕易其事者，故魏志卷一武紀許曰：「官方授材，各因其器，矯情任算，不念舊惡。」觀其下令再三，至於求不仁不孝，而有治國用兵之術者；又魏志中，譙人有傳者，但得許褚、華佗二人，然前者以勇力獲任，後者雖以醫術名世，亦終為操所害。以此觀之，欲因鄉情而得攀附者不亦難乎？且漢魏之際，初不因姓有貴賤而後貴賤之也，門第但為後日之象耳。若以嵇為賤姓，雖詭稱本奚姓，因避怨而改姓，抑或因地名而改姓，則今猶是嵇姓，終不因此而上升，此說之易明者也。

又元和姓纂卷三嵇姓譙郡銍縣條云：

後漢太子舍人嵇蕃，子茂齊。生含，廣州刺史。武昌，生康，魏中散大夫。生紹，晉侍中。

孫星衍、洪瑩二氏校曰：

案晉書嵇康本傳：「其先姓奚，會稽上虞人，以避怨徙譙，有嵇山，家於其側，因而命氏。」又嵇含傳：「祖喜，徐州刺史。父蕃，太子舍人。」又文選註嵇紹集曰：「從兄太子舍人蕃，字茂齊。」然則蕃於康，乃其羣從，非祖孫也。又嵇康詩：「母兄鞠育，有慈無威。」則康乃少孤，爲其兄公穆所育。文選注引嵇氏譜亦不詳。康公武昌生康，疑有脫誤，亦不知何據。

岑仲勉氏四校記卷三嵇姓條：

「子茂齊」之「子」字訛，庫本正作「字茂齊」。又校云：「文選注引嵇氏譜亦不詳康公。」康公，庫本正作「康父」。

溫校（溫廷敬氏元和姓纂校補）以爲原文當作：「武昌公喜弟生康。」上文亦漏「喜」云。

今按元和姓纂是條舛誤滋甚，諸家所說亦不可卒通。然仍當從孫、洪之說，蕃於康乃其羣從，非祖孫也。設無更多史料足資證明康之家世前，吾人仍以採取「昭爲康父」之說爲是。

昭雖官督軍糧、治書侍御史，然叔夜少孤，故受其父影響至微；亦以其少孤，影響康性格之形成至大。其幽憤詩述其身世云：

> 嗟余薄祜，少遭不造，哀煢靡識，越在繈褓。母兄鞠育，有慈無威，恃愛肆姐，不訓不師。

是康生時，其兄固已長成，否則將何必言「母兄鞠育」？而其答郭遐周、遐叔兄弟詩亦曰：

> 昔蒙父兄祚，少得離負荷。

是康兄非且長成，且祿足以贍家也。

文選卷二十三幽憤詩注引嵇氏譜：

> 康兄喜，字公穆，歷徐、揚州刺史，太僕，宗正卿。母孫氏。

諸家皆以喜爲康兄無少異，然喜歷徐、揚州刺史，太僕，宗正卿，官不爲不大，任不爲不重，魏志初無其傳，他傳亦未見稱引，是其可怪者一也。王粲傳注引嵇氏譜，言康「兄喜，字公穆，晉揚州刺史」，與前引嵇氏譜說又別，然叔夜與山巨源絕交書固稱「吾新失母兄之歡」，是歿於魏時明甚，設喜眞爲康兄，則喜當卒於魏世，初不及於晉也，世說簡傲篇注引晉百官名曰：

> 嵇喜，字公穆，歷揚州刺史，康兄也。

諸書並以喜為晉刺史，是其可怪者二也。又粲傳注引喜為康傳，吾不知魏晉之前，有無方生時，而其兄已為之作傳者；且其獎美逾恆，疑非出於兄弟之手，是其可怪者三也。雖如是，康之有兄固不足為疑。

然則康親老年得子，愛之必深；而幼以喪父，母兄自寵逾恆常也。父產兄祿，方且裕如，益以母兄鞠育，有慈無威，恃愛肆姐，不訓不師，欲其比類常童，豈不難哉？魏志卷二十一王粲傳注引嵇喜為康傳曰：

家世儒學，少有儁才，曠邁不羣，高亮任性，不修名譽，寬簡有大量，學不師授，博洽多聞。

嵇康家世儒學，不必為假，此固當時之常情也。雖遭父喪，母兄猶在，且童稚初不解學，故喜說最眞，康初不過高亮任性，學不師授。然漢魏之交，最以才性見重，而不計閥閱，康自儁才不羣，世說容止篇云：

嵇康身長七尺八寸，風姿特異。見者歎曰：「蕭蕭肅肅，爽朗清舉。」或云：「肅肅如松下風，高而徐引。」

山公曰：「嵇叔夜之為人也，巖巖若孤松之獨立；其醉也，傀俄若玉山之將崩。」

注引康別傳曰：

康長七尺八寸，偉容色，土木形骸，不知飾厲，而龍章鳳姿，天質自然，正爾在羣形之中，便自知非常之器。

七尺八寸，依劉復氏之推算（見楊寬中國歷代尺度考引），當今一、八八六公尺，或六、一八呎，不爲不高。益以風姿爽朗，天質自然，雖不脩名譽，而名譽自來矣。

（三）婚姻

進而吾人將研討康之仕宦，以昔日才智之士所謀唯此，亦才智之士之必然趨歸也。世說德行篇注引文章敍錄云：

康以魏長樂亭主壻，遷郎中，拜中散大夫。

郎中，比三百石，第八品，無員；中散大夫，六百石，第七品，無員。是皆冗散閒官，而無職事，緣長樂亭主壻故也，是以唐修晉書卷四十九康傳曰：

與魏宗室婚，拜中散大夫。

叔夜之仕宦與婚姻至具關係也如此，試更詳考之。

魏志卷二十武文世王公沛穆王林傳曰：

沛穆王林，建安十六年封饒陽侯。二十二年，徙封譙。黃初二年，進爵爲公。三年，爲譙王。五年，改封譙縣。七年，徙封鄄城。太和六年，改封沛。景初、正元、景元中，累增邑，並前四千七百戶。林薨，子緯嗣。

注曰：

案嵇氏譜，嵇康妻，林子之女也。

而林，武帝杜夫人出，是康爲杜夫人之曾孫女壻。

又曹爽傳附何晏傳曰：

晏，何進孫也。母尹氏，爲太祖夫人。晏長於宮省，又尚公主，少以才秀知名。

注引魏略曰：

太祖爲司空時，納晏母，並收養晏。其時秦宜祿兒阿蘇，亦隨母在公家，並見寵如公子。蘇即朗也。蘇性謹愼，而晏無所顧憚，服飾擬於太子，故文帝將憎之，每不乎其姓字，嘗謂之爲假子。晏尚主，又好色，故黃初時無所事任。及明帝立，頗爲冗官。至正始初，曲合於曹爽，亦以才能故，爽用爲散騎侍郎，遷侍中、尚書。晏前以尚主，得賜爵爲列侯，又其母在內。晏性自喜，動靜粉白不去手，行步顧影。晏爲尙書，主選擧，其宿與之有舊者，多被拔擢。

注又引魏末傳曰：

晏婦金鄉公主，卽晏同母妹。公主賢，謂其母沛王太妃曰：「晏爲惡日甚，將何保身？」母笑曰：「汝得無妬晏邪？」

今所論但諸人間之親屬關係，與行爲政事無關。魏末傳言晏婦金鄉公主，卽晏同母妹，裴松之斥其妄曰：

按諸王傳，沛王出自杜夫人所生，晏母姓尹，公主若與沛王同生，焉得言與晏同母？

裴說是也。晏母自尹夫人；以杜夫人者，乃秦宜祿之前妻，此見於明紀注引獻帝傳，傳曰：

朗父名宜祿，爲呂布使詣袁術，術妻以漢宗女。其前妻杜氏留下邳，布之被圍，關羽屢請於太祖，求以杜氏爲妻。太祖疑其有色，及城陷，太祖見之，乃自納之。宜祿歸降，以爲銍長。及劉備走小沛，張飛隨之，過謂宜祿曰：「人取汝妻，而爲之長，蚩蚩若是邪！隨我去乎？」宜祿從之，數里，悔欲還，飛殺之。朗隨母氏，蓄於公宮，太祖甚愛之，每坐席，謂賓客曰：「世有人愛假子如孤者乎？」

而此杜氏者，卽沛王太妃，沛王林、金鄉公主、秦朗之母也。晏卽爲沛王太妃之壻，而嵇康乃其曾孫壻，其間關係可以下表明下：

何進子＝尹夫人＝魏武帝＝杜夫人＝秦宜祿

何晏＝金鄉公主

沛王林——林子——長樂亭主＝嵇康

康女　嵇紹

秦朗（阿蘇）

是種關係之始發現，當歸屬於侯外廬等四氏，今更詳加解析，以期更趨明了。此實極端重要者，以景初三年春，明帝崩，太子芳立。曾爽秉政，何晏進用，而明年爲正始元年，時康方十七齡童耳。康與山巨源絕交書有云：「女年十三。」絕交書旣成於景元二年，則康女生於正始十年，由是可推凡康之娶長樂亭主，選郎中，拜中散大夫，莫不在於何晏進用之正始十年間。康此後卽不復爲官，山巨源擧之，且報以絕交，亦足以證明康之所趣舍也。

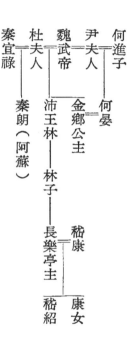

（四）思想之變

正始間，平叔為吏部尚書，海內清望所歸，因其倡導，而談風始盛。叔夜與之既具婚姻戚屬關係，或得預談坐，而初無能談之名。然叔夜思想之一變，實當於正始或其稍后之時。

吾人前曾論及康家世儒學，雖遭父喪，母兄猶在，初不過高亮任性，學不師授，博洽多聞，嵇喜康傳復曰：

長而好老莊之業，恬靜無欲，性好服食，常採御上藥。善屬文論，彈琴詠詩，自足於懷抱之中。

是康之好老莊之業，厥在既「長」，又答二郭詩云：

昔蒙父兄祚，少得離負荷，因疏遂成懶，寢蹟北山阿，但願養性命，終已靡有他。良辰不我期，當年值紛華，坎壈趣世務，常恐嬰網羅。羲農邈已遠，附膺獨咨嗟，朔戒貴尙容，漁父好揚波，雖逸不已難，非余心所嘉。豈若翔區外，餐瓊漱朝霞，遺物棄鄙累，逍遙遊太和，結友集靈嶽，彈琴登清歌，有能從此者，古人豈足多。

「良辰不我期，當年值紛華，坎壈趣世務，常恐嬰網羅」，此明嵇康思想一變之因緣，而所以

「但願養性命，終已靡有他」者以此，其幽憤詩亦云：

爰及冠帶，憑寵自放，抗心希古，任其所尚，託好老莊，賤物貴身，志在守樸，養素全眞。

然此云云，雖或可說明叔夜之夙日行事，殊不足以論其思想而盡其全貌也。

文心雕龍論說篇云：

迄至正始，務欲守文，何晏之徒，始盛玄論。於是聃周當路，與尼父爭塗矣。

玄者，道也。（見廣雅）所以言天道、地道、人道也。（太玄卷十太玄圖說）用是爲論，名爲玄論。玄論蓋亦異乎前此之文論矣。彥和曰：

論也者，彌綸羣言，而研精一理者也。……原夫論之爲體，所以辨正然否，窮于有數，追于無形，迹堅求通，鉤深取極；乃百慮之筌蹄，萬事之權衡也。故其義貴圓通，辭忌枝碎；必使心與理合，彌縫不見其隙；辭共心密，敵人不知所乘，斯其要也。

雖曰論之爲體，皆當循此塗，而實符之者，唯得一玄論。以玄論既生於談風極盛之時，用爲談論之根據，或卽以代夫談論。談論既以攻難爲先，玄論相爲表裏，自必以攻難爲本也。御覽卷五九五引李充翰林論曰：

研覈名理，而論難生焉。論貴於允理，不求支離，若嵇康之論，成文美矣。且略去名理、論難間之關係，但明叔夜之論，貴於允理，而不支離，若其養生論、答難養生論、聲無哀樂論、釋私論、明膽論、難自然好學論、難宅無吉凶攝生論、答釋難宅無吉凶攝生論，甚或爲設主客，儼如談坐，抑以叔夜長於行文而拙于言說，因而轉說爲文邪？

（五）言　理

兩漢以前，載籍之見有用「理」字者，粗可分爲兩支。莊子養生主以「天理」明其固然，循是以迄外、雜篇，呂覽、韓非、淮南而下之後起治道家言者，莫非遵此塗轍。至晚出之儒家：荀子、易傳、小戴記，則或以「事理」說其分宜；或以言性命之所歸；或卽曰「文理」以養情，然則其時言理以表意者初不多覯也。

輔嗣出而乃廣其用，子玄蹤之，遂爲解說天地間一切自然變化之根本概念，錢師賓四於王弼郭象注易老莊用理字條錄一文中始發明其說，精義紛呈，而數千年思想脈絡由是可見，於叔夜之見「理」，則曰：「弼之後有嵇康，亦治莊老，而最善持論。其集中亦常言及理字，然尙可謂其乃自抒己見。」以叔夜所言「理」，不過「自抒己見」，故不更加敷說。然今旣以探究叔夜一人之學，且其學亦不盡然如錢師之所云，演繹之，或可有助於理解其人歟！因以爲說焉。

輔嗣之言理也，有所以然之理，有本然之理，有必然之理，有是非之理，或以事理對舉，或以情理連稱，而理極無二，會歸合一，尤見至理之無名，叔夜雖或從此中出，要非輔嗣說之所能盡。養生論曰：

誠知性命之理，因輔養以通也。

又曰：

至于導養得理，以盡性命。

易說卦以「聖人之作易也，將以順性命之理」，又以爲「和順於道德而理於義，窮理盡性以至於命」，雖「和順」、「道德」連文原出道家，而爲儒家所襲用，終是儒家本色。「窮理盡性以至於命」，此卽所以爲「性命之理」，其極至，但求達乎道德之至善境界，初不及於他。「輔養」義甚晦澀，然既曰導養得以盡性命，是性命可通于導養，此叔夜之創義也。答向子期難養生論尤多發揮此義，曰：

聖人窮理盡性，宜享遐期。

且仲尼窮理盡性，以至七十。

又曰：

故導養以盡其壽，此則窮理之致。

此理所以爲性命之理，亦卽所以爲導養之理，及其極至，初不爲二也。蓋聖人窮理盡性，自享遐期；常人則導養以盡壽，盡壽而自得窮理之致。養生論曰：

悟生理之易失，知一過之害生。

生理者，所以我生之理也。子玄注莊子德充符曰：「生理已自足於形貌之中，但任之則身存。」實從叔夜來。

又守之以一，養之以和，和理日濟，同乎大順。

莊子繕性篇曰：「和與恬交相養，而和理出其性。」叔夜此條用其說，而兼明老氏守一，與郭注德充符云「苟知性命之固當，則雖死生窮達，千變萬化，淡然自若，而和理在身矣」之說各有所盡。

故準性理之所宜，資妙物以養身。

又答張遼叔釋難宅無吉凶攝生論曰：

俯協剛柔，中識性理。

性理又叔夜所造，而子玄所不言。答向子期難養生論曰：

信順日濟，玄德日全，不祈喜而有福，不求壽而自延，此養生大理之所效也。

其曰「養生大理」，亦嘗有以異乎「養生之理」邪？聲無哀樂論曰：

雖衆喩有隱，足招攻難，然其大理，當有所就。

就文觀義，「大理」或言其能「盡」也。叔夜又好言「至理」，其答張遼叔釋難宅無吉凶攝生論曰：

適至守相，便言千萬皆一，校以至理，負情之對，于是乎見。

又答向子期難養生論曰：

君子識智以無恆傷生，欲以逐物害性。故智用則收之以恬，性動則糾之以和。使智止于恬，性足于和。然後神以默醇，體以和成，去累除害，與彼更生。所謂不見可欲，使心不亂者也。縱令滋味當染于口，聲色已開于心，則可以至理遣之，多算勝之。

今若以從欲爲得性，則渴酌者非病，淫湎者非過，桀跖之徒，皆得自然，非本論所以明至理之意也。夫至理誠微，善溺于世，然或可求諸身而後悟，校外物以知之。

至理所以明其高，是亦前人所常引說。而叔夜論理多端，尤多發前人之所未發，今並擧以見之。

琴賦：

　　綖世才士，竝爲之賦頌，……麗則麗矣，然未盡其理也。

　　非夫至精者，不能與之析理也。

是理卽本然之理，此處所演說者，似有更深一層之意在焉。養生論：

　　至于措身失理，亡之于微。

　　以多自證，以同自慰，謂天地之理，盡此而已矣。

天地之理，出莊子秋水篇。郭注以爲「夫天地之理，萬物之情，以得我爲是，失我爲非。適性爲治，失和爲亂」，正從叔夜說變化而來。

　　夫至物微妙，可以理知，難以目識。

答向子期難養生論曰：

　　雖有後生之情，而不識生生之理。

此生生之理，爲叔夜所獨有，是亦明所以然之理也。

　　故忘富欲富者，貪得之，理之然也。

　　奉法循理，不絓世網。

法理對言，爲世俗舊稱，初不及於道。

今不使不室不食，但欲令室食得理耳。

知吉凶之理，故背之不惑。

苟云理足于內，乘一以御外，何物之能默哉？

是亦輔嗣周易略例明象所謂「物无妄然，必由其理」，「統之有宗，會之有元」之意。

智者不然，審輕重然後動，量得失以居身，交賒之理同，故備遠如近，愼微如著，獨行衆妙之門，故始終無虞。

交賒之理，亦叔夜所獨有。其論中，數及「交賒」二字，養生論曰：「抑情忍欲，割棄榮願，而嗜好常在耳目之前，所希在數十年之後，又恐兩失，內懷猶豫。心戰於內，物誘於外，交賒相傾，如此復敗。」答向子期難養生論曰：「常人之情：遠，雖大莫不忽之；近，雖小莫不存之。夫何故哉？誠以交賒相奪，識見異情也。三年喪，不內御，禮之禁也，莫有犯者。酒色乃身之讐也，莫能棄之。由此言之，禮禁交，雖小不犯；身讐賒，雖大不棄。然使左手據天下之圖，右手旋害其身，雖愚夫不爲。明天下之輕於其身，酒色之輕於天下，又可知矣。而世人以身殉之，斃而不悔，此以所重而要所輕，豈非背賒而趣交邪？」又答張遼叔釋難宅無吉凶攝生論曰：「樂之已病，其驗交見，故君子信之。宅之吉凶，其報賒遙，故君子疑之。今若以交賒爲虛實，則恐所以求物之地鮮矣。吾見溝澮不疑江海之大，覩丘陵則知有泰山之高也。若守藥則棄宅，見交則非賒，是海人所以終身無山，山客白首無大魚也。」或曰「交賒相傾」，或曰「交賒相奪」，或曰「背賒趣交」，或曰「見交非賒」，而此之所謂「交賒」者，實蘊時空事物之遠近，虛實、微著，初未有實質之異，自不當有輕重於其間也，是卽所謂「交賒之理」。

以多同自減，思不出位。使奇事絕于所見，妙理斷于常論，以言變通達微，未之聞也。

妙理亦叔夜所獨造，所以對常論而言。

子之所以爲歡者，必結駟連騎，食方丈于前也。夫俟此而後爲足，謂之天理自然者，皆役身以物，喪志于役，原性命之情，有累于所論矣。

郭注刻意曰：「天理自然，知故無爲乎其間。」意初不異。

然或有行踰曾閔，服膺仁義，動由中和，無甚大之累，便謂仁理已畢。以此自臧，而不盪喜怒，平神氣，而欲却老延年者，未之聞也。

是亦叔夜聖壽不二之說，爲其一生之寫照。然「仁」之「理」果如是乎？康之學由是可以察知矣。又聲無哀樂論：

今子獨以爲聲無哀樂，其理何居？

今不可以未遇善聽，而謂之聲無可察之理。

欲令天下合聲音之道，不言理以盡此。

夫推類辨物，當先求之自然之理，理已定，然後借古義以明之耳。

輔嗣之注老，時及自然，又頗以與理並擧，初未能如叔夜之卽以自然之理出之也，遂爲子玄注莊暢明自然之理之張本。

人情之變，統物之理。

此亦輔嗣注里仁「夫子之道，忠恕而已矣」所云「能盡理極，則無物不統」之意（引見皇侃論語集解義疏）。

不可見喜怒爲酒使，而謂酒有喜怒之理也。

聲俱一體之所出，何獨當含哀樂之理也。

不必謂酒有喜怒之理，聲有哀樂之理，然喜怒、哀樂自有其理，此理固非物理之所能包，而叔夜說理之特著精神處在是。

難者必曰知之，知之之理，何以明之？

夫聖人窮理，謂自然可尋，無微不照，理蔽則雖近不見。

若神心獨悟，闇語之當，非理之所得也。

心能辨理善談，而不能令內籥調利。

此明理亦有所不至處。

其體贍而用博，故心侈于衆理。

則焉能兼御羣理，總發衆情邪？

雖二情俱見，則何損于聲音有定理邪？

定理，卽所以爲本然之理也。

小歡顏悅，至樂心愉，樂之理也。

使心與理相順，和與聲相應。

心、理對舉相合，上承孟荀，而化入老莊矣。又釋私論：

今執必公之理，以繩不公之情。

不求所以不措之理，而求所以爲措之道。

有非而謂私，不可謂不惑公私之理也。

又管蔡論：

周公之誅管蔡以權，權事顯，實理沉。思顯授之實理，推忠賢之諳權。

實理，此所以為事理也，亦叔夜所造。又明膽論：

專明無膽，則雖見不斷；專膽無明，則違理失機。……此理坦然。

折理貴約而盡情，何尚浮穢而迂誕哉。易了之理，不在多喻。

夫論理情性、折引異同，固尋所受之終始，推氣分之所由。順端極末，乃不悖耳。今子欲棄置渾元，捃摭所見，此為好理綱目，而惡持綱領也。

此謂論理情性，折引異同，當明本末終始，勿使亂也。聲無哀樂論曰：「夫推類辨物，當先求之自然之理，理已足，然後借古義以明之耳。今未得之於心，而多恃前言以為談證，自此以往，恐巧厤不能紀耳。」既曰必也先得自然之理，然後傅以古義，不得徒以古義以亂人耳目，是亦謂當明本末終始。而此自然之理，必得之於心而具足，故答向子期難養生論曰：「夫至理誠微，善溺於世，然或可求諸身而後悟，校外物以知之。」是亦同理、古義、外物，但其餘事，舍本置末，不知其可。故其所重，曰自然之理，然理在我也。劉彥和嘉叔夜之論，以爲允「理」而不支離（見文心雕龍論說篇），又謂康「師心以遣論」（見才略篇），師心以遣論，雖不必爲眞，然或安於我心。以此觀之，叔夜之言理，蓋亦可以知矣。又難張遼叔自然好學論：

物全理順，莫不自得。

自得，襲莊義來。

不須學而後能，不待借而後有，此必然之理。

今子以必然之理，喻未必然之好學。

輔嗣注易豫卦六二介於石，不終日，貞吉曰：「明禍福之所生，故不苟說，辯必然之理，故不改其操，介如石焉，不終日明矣。」叔夜明必然之理，或從此中出。又難張遼叔宅無吉凶攝生論：

世無自理之道，法無獨善之術。

因謂無陰陽吉凶之理。

苟先積而後受報，事理所得，不爲闇自遇之也。

輔嗣以事理對學，終未有事理之名；叔夜雖多明事理，而名亦不多見也。

卜宅雖吉，而功不獨成，相須之理誠然。

相須之理，亦叔夜所造。

今信徵祥，則棄人理之所宜。

人理，出莊子漁父篇。

夫救火以水，雖自多於抱薪，而不知曲突之先物矣。況乎天下微事，言所不能及，數所不能分，是以古人存而不論，神而明之，遂知來物，故能獨觀於萬化之前，收功於大順之後，百姓謂之自然，而不知所以然。若此，豈常理之所逮邪？

是叔夜於至理、妙理、大理、實理而外，又有常理，常人所知而不知所以然之理也。又答張遼叔釋難宅無吉凶攝生論：

吾適以信順爲難，則便曰：信順者，成命之理

以信順爲成命之理，當非儒家之說，而有雜於老氏矣。

廣求異端，以明事理。

卜之盡，蓋理。

若唯信順，于理尙少，何以謂成命之理邪。

則知闇作可有不盡善之理矣。

然則吉凶之形，果自有理。

方圓由人，有可□之理。

似未察宮商之理也。

所以窮理而盡物宜也。

按所錄理字條，尚多遺漏。然就此以觀，知叔夜所明之理，初非輔嗣之所能盡也，而子玄實多所從受。故有所以然之理，有本然之理，有必然之理，有實理，有定理，有常理，有至理，有大理。而理極無二，會歸合一，少及物理，特重事理、性理之闡發，追迹理之所以爲理。雖然，其所云理，失之在但多求心之所安，而其得也，亦在於本乎心之所安爾。

(六) 言性與情

叔夜言「理」，有造於後來；而其言「性」、「情」，亦自可觀。

自古未有「性」字之初，以「生」爲「性」；既有「性」字以後，義亦同「生」。遂引申而爲生所禀受，謂善惡材質也；再反之於心體，明所本然，此「性」之三義也。叔夜言「性」，於此三義，莫不具足。其與山巨源絕交書曰：

性復多蝨，把搔無已。

又養生論：

而世常謂一怒不足以侵性，一哀不足以傷身。

識原味之害性，故棄而弗顧。

又答向子期難養生論：

今欲以從欲爲得性，則渴酌者非病。

聖人窮理盡性，宜享遐期。

且仲尼窮理盡性，以至七十。

故準性理之所宜，資妙物以養身。

以上諸條之「性」，當作「生」解，是爲性之第一義。而此「性理」，亦但謂「生理」也，與宋儒說「性理」者不同。

又與山巨源絕交書曰：

以促中小心之性，統此九患，不有外難，當有內病。

> 至性過人，與物無傷。
>
> 雖瞿然自責，然性不可化。
>
> 夫人之相知，貴識其天性，因而濟之。
>
> 故君子百行，殊塗而同致，循性而動，各附所安。

曰至性，曰天性者，與生俱來，不可更化，惟得因其性而濟之，此所以謂之「循性」者也。是叔夜說與孔、荀異：夫子稱性相近，而習相遠；荀卿則明性雖惡，可以後天之教僞之。獨孟子說性善，倡順性，庶幾近之。又答向子期難養生論：

> 且螟蛉有子，果蠃負之，性之變也。……還質易性，豈不能哉？

雖曰「性之變」，是卽爲果蠃之性。以性不可化，還質易性，自不可能。又難張遼叔自然好學論：

> 夫民之性，好安而惡危。
>
> 六經以抑引爲主，人性以從容爲歡。
>
> 人之眞性無爲，正當自然，耽此禮學矣。

叔夜意均當順「人性」以發展，此自然也。又聲無哀樂論：

若謂鳴獸皆能有口，葛盧受性獨曉之。

又釋私論：

若質乎中人之性，運乎在用之質。

此叔夜言人之性，似亦有上中下之分也。又明膽論：

賦受有多少，故才性有昏明。

魏時有論才性四本者，鍾會集而論之。然始以才性連稱者唯此，意亦主才性同也。又太師箴：

土木其宇，物或失性。

刑敎爭施，犬性喪眞。

以上所舉，並言善惡材質，生所稟受，但當順之，而不可以變化，是爲性之第二義也。

又答向子期難養生論曰：

夫不慮而欲，性之動也。識而後感，智之用也。性動者，遇物而當，足則無餘。智用者，從感而求，勌而不已。故世之所患，禍之所由，常在于智用，不在于性用。君子識智以無欲傷生，欲以逐物害性。故智用則收之以恬，性動則糾之以和。使智上于恬，性足于和，然後神以默醇，體以和成，去累除害，與彼更生。所謂不見可欲，使心不亂者也。

不慮而欲性之動。性動者，遇物而當，猶孟子所謂良知良能是也。孟子之言曰：「人之所不學而能者，其良能也；所不慮而知者，其良知也。」是與荀卿之說不同。又漢儒言性，樂記但謂「人生而靜，天之性也。感於物而動，性之欲也」，說與叔夜異。究其本來，實多從中庸，中庸以爲「天命之謂性，率性之謂道，修道之謂敎」。又曰：「喜怒哀樂之未發，謂之中；發而皆中節，謂之和。中也者，天下之大本也；和也者，天下之達道也。致中和，天地位焉，萬物育焉。」叔夜倡循性以動，糾之以和，雖爲儒統，實摻合老氏去智無欲、知足神默、去累除害之說矣。

性氣自和，則無所困于防閑。

遺世坐忘，以寶性全眞。

觀此，則道家之迹愈明。又琴賦：

性絜靜以端理，含至德之和平。

此猶爲未動前之氣象也。唯於是處存養，始可致中和。是爲性之第三義，而最關重要者也。

又先漢儒家之道性命也，皆分別言之。如王充論衡本性篇云：「命有貴賤，性有善惡。」是故以知命者，謂天道也，性者，謂人稟也。於易傳，始見合於一詞，乾卦彖辭曰：「乾道變化，各正性命，保合太和，乃利貞。」又見於樂記曰：「方以類聚，物以羣分，則性命不同矣。」此處之性命，並言生所稟受，言性不言命。仲任好言性命，若率性篇：「夫人有不善，則乃性命之疾也。」又若初稟篇：「人生性命當富貴者，初稟自然之氣，養育長大，富貴之命效矣。」是前者言性而後者言命也。叔夜書中性命凡十二見，並言命，與後世所謂之性命義不異，亦思想變化之迹也。

齊萬物兮超自得，委「性命」兮任去留。（琴賦）

至于導養得理，以盡「性命」。（養生論）

故神農曰「上藥養命，中藥養性」者，誠知「性命」之理，因輔養以通也。

御益性之物，則始可與言養「性命」矣。（難養生論）

謂之天理自然者，皆役身以物，喪志于欲，原「性命」之情，有累于所論矣。

英布之黥而後王，皆「性命」也。（難宅無吉凶攝生論）

既曰彭祖七百，殤子之夭，皆「性命」自然。……致壽去夭，求實于虛，故「性命」不遂。……「性命」之遂，得于善求。

英布之黥而復王，……「性命」之自然也。（釋難宅無吉凶攝生論）

若命之成敗，取足于信順，……安得有「性命」自然也。

然則宅與「性命」，雖各一物，猶農夫良田，合而成功也。

然則叔夜所謂之「性命」，實已喪失其所含蘊之「性」而歸趨於天道之「命」矣。孟子主性善，又以爲「乃若其情，則可以爲善」（告子）；而荀子主性惡，以「目之好色，耳之好聲，口之好味，心之好利，骨體理膚之好愉佚，皆生於人之情性」（性惡）。是孟、荀並以性屬生有，因情得見。後者所謂之「情性」，正指「情」而言也。此與論衡本性篇引劉子政之說同，其說云：

性，生而然者也，在於身而不發；情，接於物而然者也，出形於外。形外則謂之陽，不發者則謂之陰。

原書今不可考。子政雖漢人，實與其他漢儒之說有異，蓋其時之言性情者，多截然分性情爲二，許愼說文曰：

性，人之陽氣，性善者也；情，人之陰氣有欲者。

又康成毛詩蒸民箋曰：

天之生衆民，其性有物象，謂五行仁義禮知信也；其情有所法，謂喜怒哀樂好惡也。

又白虎通德論情性篇曰：

情性者，何謂也？性者陽之施，情者陰之化也。人稟陰陽氣而生，故內懷五性六情。情者，靜也；性者，生也，此人所稟六氣以生者也。

故鈎命決曰：「情生於陰，欲以時念也；性生於陽，以就理也。陽氣者仁，陰氣者貪，故情有利欲，性有仁也。」

五性者何謂？仁義禮智信也。……六情者何謂也？喜怒哀樂愛惡謂六情，所以扶成五性。

又詩蒸民正義引孝經援神契云：

情者魂之使，性者魄之主。性生於陽以理執，情生於陰以繫念。性者，生之質；命者，人所稟受也；情者，陰之數，精內附著生流通也。

又論衡本性篇曰：

董仲舒覽孫孟之書，作情性之說曰：「天之大經，一陰一陽；人之大經，一情一性。性生於陽，情生於陰。陰氣鄙，陽氣仁。曰性善者，是見其陽也；謂惡者，是見其陰也。」

今存繁露諸篇中無此語，其深察名號篇有云：

天地之所生，謂之性情，性情相與為一瞑，情亦性也。謂性已善，奈其情何？故聖人莫謂性善，累其名也。身之有性情也，若天有陰陽也。言人之質而無其情，猶言天之陽而無其陰也。

此派說法，以性情爲二元，性爲善、爲理、爲仁、爲陽；情爲惡、爲欲、爲鄙、爲陰。迹其初，實始於董子，仲舒既曰：「情猶性也」，然後一轉而謂「身之有性情，若天之有陰陽」，變化顯然可見。自是數百年中，性情二元論，遂盛極一時。劉向之說，直待荀悅而始復甦，申鑒曰：

劉向曰：「性情相應，性不獨善，情不獨惡。」曰：「問其理。」曰：「性善則無四凶，性惡則無三仁。人無善惡，文王之敎一也，則無周公、管、蔡。性善情惡，是桀紂無性而堯舜無情也。性善惡皆渾，是上智懷惠，而下愚挾善也，理也未究矣。惟向言爲然。」或曰：「仁義，性也；好惡，情也。仁義常善，而好惡或有惡，故有情惡也。」曰：「不然。好惡者，性之取舍也。實見於外，故謂之情耳，必本乎性矣。仁義者，善之誠者也，何嫌其常善？好惡者，善惡未有所分也，何怪其有惡？凡言神者，莫近於氣。有氣斯有形，有神斯有好惡喜怒之情矣。故人有情，由氣之有形也。氣有白黑，神有善惡，形與白黑偕，情與善惡偕。故氣黑非形之咎，情惡非情之罪也。」

有人於此，嗜酒嗜肉，肉勝則食焉，酒勝則飮焉，此二者相與爭，勝者行矣，非情欲得酒，性欲得肉也。有人於此，好利好義，義勝則義取焉，利勝則利取焉，此二者相與爭，勝者行矣，非情欲得利，性欲得義也。其可兼取者則兼取之，其不可兼者，則隻取重焉。若苟隻好而已，雖可兼取矣。若二好鈞平，無分輕重，則一俯一仰，乍進乍退。

昆蟲草木皆有性焉，不盡善也；天地聖人皆稱情焉，不主惡也。

仲豫用子政之說，辯性情善惡二元之不當，極見精闢。叔夜正循是塗，以性屬生有，因情得見，用「情」字處益增于用「性」字者矣，而不可以盡舉，今但列其足以代表者以爲說云。

覽其旨趣，亦未達禮樂之情也。(琴賦)

故使榮進之心日頹，任實之情轉篤。(與山巨源絕交書)

以順欲爲得生，雖有後生之情，而不顧生生之理。(答向子期難養生論)

豈云欲富貴之情哉。(同上)

是非之情先著，故美惡不能移也。(同上)

又常人之情，遠雖大，莫不忽之；近雖小，莫不存之。(同上)

凡所區區，一域之情耳。(同上)

今談者不覩至樂之情，甘滅年殘生，以從所願。(同上)

故哀思之情，表于金石。(聲無哀樂論)

夫殊方異俗，歌哭不同，使錯而用之，……或聞哭而歡，或聽歌而感，然而哀樂之情均也。(同上)

今用均同之情，而發萬殊之聲，斯非音聲之無常哉。(同上)

然隨曲之情，盡于和域。(同上)

是以酒酣奏琴，而歡慼並用，此言偏幷之情，先積于內。(同上)

偏重之情，觸物而作。(同上)

故凱樂之情，見于金石。(同上)

今執必公之理，以繩不公之情。(釋私論)

措善之情，其所病也。(同上)

肆乎所始，名其所終，則夫行私之情，不得因乎似非而容其非。(同上)

于是隱匿之情，必存乎心；僞怠之機，必形乎事。(同上)

以志無所尙，心無所欲，達乎大道之情，動以自然，則無道以至非也。(同上)

不堪近患，不忍小情，則議于去就；議于去就，則二心交爭；二心交爭，則向所以見役之情勝矣。(家誡)

便怨惡之情生矣。(同上)

若前所引述諸條，稱情各異，皆接於物而然者，或善或惡，不必拘於一惡，如漢儒之所說也。其情雖萬端，然可歸納之：

世俗膠加，人情萬端。(卜疑)

體亮心達者，情不繫于所欲，故能審貴賤而通物情。(釋私論)

足下舊知吾潦倒麤疏，不切事情。(與山巨源絕交書)

曰人情，曰物情，曰事情者，就其大者言之也。

可以導養神氣，宣和情志。(琴賦)

又縱逸來久，情意傲散。(與山巨源絕交書)

及宮商集化，聲音克諧，此人心至願，情欲之所鍾。(聲無哀樂論)

吟詠情性，以諷其上。(同上)

曰情志、曰情意、曰情欲、曰情性者，就情之所以發處言之。

欲降心順俗，則詭固不情。(與山巨源絕交書)

夫服藥求汗，或有弗獲，而愧情一集，渙然流離。(養生論)

又饑餮者，于將獲所欲，則欲情注心。（答向子期難養生論）

故答以偏情感物而發耳。（聲無哀樂論）

至乎笑噱雖出於歡情，然自然應聲之具也。（同上）

非以親情而相私也。（管蔡論）

夫論理性情，折引異同，固尋所受之終始，推氣分之所由，順端極末，乃不悖耳。（明膽論）

不堪近患，不忍小情。（家誡）

曰不情、曰愧情、曰欲情、曰偏情、曰歡情、曰親情、曰性情、曰小情者，就情之性質而言之也。

鑒乎古今，滌情蕩欲。（卜疑）

或抑情任欲，割棄榮願。（養生論）

生民所以接物傳情，區別有屬，而不可溢者也。（聲無哀樂論）

理絃高堂，而歡戚並用者，眞主和之發滯導情。（同上）

爾爲聽聲者不以寡衆易思，察情者不以大小爲異。（同上）

則求情者不留觀于形貌，揆心者不借聽于聲音也。（同上）

是故言君子則以無措爲主，以通物爲美；言小人則以匿情爲非，以違道爲闕。（釋私論）

由是言之，未有抱隱顧私，而身立淸世；匿非藏情，而信著明君者也。（同上）

未有功期之慘，駭心之禍，遂莫能收情以自反，棄名以任實。（同上）

仁心無邪，不議于善而後正也；顯情無措，不論于是而後爲也。（同上）

値心而言，則言無不是；觸情而行，則事無不言。（同上）

折理貴約而盡情，何尙浮穢而迂誕哉。（明膽論）

全性之本，不須犯情之禮律。（難張遼叔自然好學論）

校以至理，負情之對，于是乎見。（難宅無吉凶攝生論）

以上所舉，並情之所以爲用也。

然則叔夜之說情，眞非前人之所能及。並其明理，言性，不僅構成其思想之全部，亦可以見叔夜之所以用心處也！

（七）交往考

叔夜「龍章鳳姿，天質自然」（世說容止篇注引康別傳），「學不師授，博洽多聞」（魏志卷二十一王粲傳注引嵇喜爲康傳），雖「不脩名譽」（同上引），而名譽自來，然所交往而見諸記載者，殊不多覯，特列述于後：

㈠陳留阮咸，字仲容。

㈡沛人劉伶，字伯倫：仲容、伯倫，但見之于共游竹林，雖云「相與友善」（魏志卷二十一王粲傳注引魏氏春秋），然他無私人交游之記載，故無論竹林之事是否爲眞，其交非深也明。

㈢琅邪王戎，字濬沖：世說德行篇引戎云：「與嵇康居二十年，未嘗見其喜慍之色。」注引康別傳曰：「所知王濬沖在襄城，面數百。」襄城，屬潁川。按康長戎十一齡，故康四十被殺時，戎年二十九。康之夙日行止，既多在洛與山陽，則戎云「與康居二十年」之「居」字自可玩味。卽如別傳曰「在襄城面數百」，但時覩康，交情深淺，則難言矣。

㈣河內山濤，字巨源：世說賢媛篇曰：「山公與嵇、阮一面，契若金蘭。山妻韓氏覺公與二人異於常交，問公，公曰，『我當年可與爲友者，唯此二生耳。』妻曰、『負羈之妻，亦親觀狐趙，意欲窺之，可乎？』他日，二人來，妻勸公止之宿，具酒肉，夜穿墉以視之，達旦忘反。公入曰：『二人何如？』妻曰：『君才殊不如，正當以識度相友耳。』」雖曰「契若金蘭」，然魏志王粲傳注引魏氏春秋曰：「山濤爲選曹郎，擧康自代，康答書拒絕。」文選引其絕交書曰：「足下昔稱吾於潁川，吾常謂之知言。然經怪此意尚未熟悉於足下，何從便得之也。前年從河東還，顯宗、阿都說足下議以吾自代，事雖不行，知足下故不知之。足下傍通，多可而少怪。吾直性狹中，多所不堪，偶與足下相知耳。間聞足下遷，惕然不喜，恐足下羞庖人之獨割，引尸祝以自助，手薦鸞刀，漫之羶腥，故具為足下陳其可否。」為此小事，而斷然相絕，並言「偶與足下相知」，足證其間雖相處甚歡，亦非至也。

㈤譙國公孫崇，字顯宗：一見於絕交書中。文選注引晉氏八王故事曰：「為尚書郎。」與阿都並告康以巨源議以自代事，是非獨誼屬同鄉，且亦頗有交往也。

㈥代郡趙至，字景眞：世說言語篇注引嵇紹趙至敍曰：「至字景眞，代郡人。漢末，其祖流宕，客緱氏。……十四入太學觀，時先君在學寫石經古文，事訖去，遂隨車問先君姓名，先君曰：『年少何以問我？』至曰：『觀君風器非常，故問耳。』先君具告之。……十六遂亡命，徑至洛陽，求索先君不得，至鄴。……先君到鄴，至具道太學中事，便逐先君歸山陽。」是景眞嘗從叔夜遊也。

㈦陳郡陽夏袁準，字孝尼：世說雅量篇曰：「嵇中散臨刑東市，神氣不變，索琴彈之，奏廣陵散，曲終曰：『袁孝尼嘗請學此散，吾靳固未與，廣陵散於今絕矣。』」注引晉陽秋但言「康取

（琴）調之，爲太平引，曲成歎曰：『太平引於今絕也』」，與此不同。卽有此事，孝尼之于叔夜，亦同時而欲從游者。

㈧河內山嶔，山公族父，卽前引絕交書「稱吾於潁川」之潁川守也（見文選注引虞預晉書及嵇康文集錄注），特此一見，想其間亦殊無甚深之交往可言。

㈨琅邪阮籍，字嗣宗：世說賢媛篇曰：「山公與嵇、阮一面，契若金蘭。」文選引叔夜與山巨源絕交書云：「阮嗣宗口不論人過，吾每師之，而不能及。至性過人，與物無傷，唯飲酒過差耳，至爲禮法之士所繩，疾之如讐，幸賴大將軍保持之耳。吾不如嗣宗之賢，而有慢弛之闕。」是叔夜之於嗣宗，亦推許之甚也，然不必謂有深交。

㈩孫登，字公和：世說棲逸篇注引文士傳曰：「嘉平中，汲縣民共入山中，見一人，所居懸巖百仞，叢林鬱茂，而神明甚察。自云孫姓，登名，字公和。康聞，乃從遊，三年。問其所圖，終不答，然神謀所存良妙。康每薾然歎息，將別，謂曰：『先生竟無言乎？』登乃曰：『子謂火乎？生而有光，而不用其光，果然在於用光；人生有才，而不用其才，果然在於用才。故用光在乎得薪，所以保其曜；用才在乎識物，所以全其年。今子才多識寡，難乎免於今之世矣。子無多求！』康不能用，及遭呂安事，在獄爲詩自責云：『昔慚下惠，今愧孫登。』」又引王隱晉書曰：

「孫登，嵇康執弟子禮而師焉。」窺此，亦可考知其間之關係矣。

⑪郭遐周。

⑫郭遐叔：康集有遐周贈詩三首，遐叔贈詩五首，並叔夜答詩三首。遐周之詩云：「亮無佐世才，時俗所不量，歸我北山阿，逍遙以相佯。同氣自相求，虎嘯谷風涼，惟余與嵇生，未面分好章。古人美傾蓋，方此何不臧，援箏執鳴琴，攜手遊空房。棲遲衡門下，何顧于姬姜，予心好永年，年永懷樂康。……」遐叔之詩云：「每念遘會，惟日不足，昕徂宵歸，常苦其速，歡接無厭，如川赴谷……」又曰：「不見可欲，使心不亂。……惟予與子，本不同貫，交重情親，欲面無算，如何忽爾，時適他館。……」而叔夜答二郭詩云：「天下悠悠者，不能趨上京，二郭懷不羣，超然來北征。樂道托蓬廬，雅志無所營，良時遘其願，遂結歡愛情，君子義是親，恩好篤平生。……」按康嘗從游孫登于汲縣北山三年，與二郭偶相合，正此時也。遂相歡好，詩中所示，極見眞摯之情。

⑬阮德如：集中載錄叔夜與阮德如五言詩一首，並阮答詩二首。叔夜之詩云：「含哀還舊廬，感切傷心肝。良時遘吾子，談慰臭如蘭。疇昔恨不早，既面侔舊歡。不悟卒永離，念隔悵增歎。事故無不有，別易良會難。……」德如答詩有云：「旦發溫泉廬，夕宿宣陽城。顧盼懷惆悵，

言思我友生。會遇一何幸，及子盡歡情。交際雖未久，思我愛發誠。良玉須切磋，璵璠就其形。隨珠豈不曜，雕瑩啓光榮。與子猶蘭石，堅芳互相成。庶幾弘古道，伐檀俟河淸。不謂中離別，飄飄然遠征。臨與執手訣，良誨壹何精。佳言盈我身，援帶以自銘。……」又曰：「雙美不易居，嘉會故難常。爰自憩斯土，與子盡蘭芳。常願永遊集，拊翼同廻翔。不悟卒永離，壹別爲異鄉。……」康集又有難德如宅無吉凶攝生論，及答釋難宅無吉凶攝生論各一篇。是亦論學談慰，文辭往來，非常之交也。然與二郭同者，不止於此，偶合隨分，難期永聚，此令斯人所以長歎息者也。

㈣張叔遼：本集引錄叔夜難叔遼自然好學論，論友也。

㈤東平呂巽，字長悌：康集引康與呂長悌絕交書曰：「昔與足下年時相比，以數面相親，足下篤意，遂成大好，由是許足下以至交，雖出處殊途，而歡愛不衰也。」其後以呂安事，遂書與絕交。

㈥東平呂安，字仲悌，卽康與山巨源絕交書中之「阿都」也。世說簡傲篇注引晉陽秋曰：「安字仲悌，東平人，冀州刺史昭之第二子。志量開曠，有拔俗風氣。」康與呂長悌絕交書旣說與巽相之事，遂及巽弟安，「及中間，少知阿都志力開悟，每喜足下家復有此弟。」其後，康、安往來極爲密切，世說注引干寶晉紀曰：「初，安之交康也。其相思，則率爾命駕。」同書又曰：「安嘗從康。或遇其行，康兄喜拭席而待之，弗顧，獨坐車中。康母就設酒食，求康兒共語，戲良久，則去。」是其交有如此者。

㈦河內向秀，字子期：世說言語篇注引向秀別傳曰：「秀字子期，河內人。少爲同郡山濤所知，又與譙國嵇康、東平呂安友善，並有拔俗之韻。其進止無固必，而造事營生，業亦不異。常與嵇康偶鍛於洛邑，與呂安灌園於山陽，不慮家人有無，外物不足怫其心。」又文學篇注引秀別傳曰：「秀與嵇康、呂安爲友，趣舍不同，嵇康傲世不羈，安放逸邁俗，而秀雅好讀書，二子頗以此嗤之。」故文選卷十六秀思舊賦序云：「余與嵇康、呂安居止接近，其人並有不羈之才。」的是實錄。

叔夜之名譽也如是之甚，叔夜之交往也又若是之寡，自得稱爲至交者，又不過二郭、德如、仲悌、子期三五人而已。此由於叔夜之交往固有所選擇焉，若鍾會，魏志卷二十一王粲傳注引魏氏春秋曰：「鍾會爲大將軍所昵，聞康名而造之。會名公子，以才能貴幸，乘肥衣輕，賓從如雲。康方箕踞而鍛，會至，不爲之禮。唐問會曰：『何所聞而來？何所見而去？』會曰：『有所聞而來，有所見而去。』會深銜之。」然則康之論交，不在有名，不在貴幸；而在不羈，而在閒散。

多怪而少可，與絕交書所云巨源「多可而少怪」，正成對比。觀其行事，亦可以思過半矣。

（八）罹罪

叔夜既婚姻魏室，二任散官，乃有曹爽之事，遂辭去，閒居不復出矣。其後十三年間（自正始之十年，即嘉平元年，西紀二四九年，至景元三年，西紀二六二年），所交往，如前引述，不過數人。遊踪所屆，亦不過河東、潁川、汲縣，而洛邑、山陽，尤所常至。不治生業，能鍛，然世說簡傲篇注引文士傳曰：「康性絕巧，能鍛鐵。家有盛柳樹，乃激水以圜之，夏天甚清涼，恒居其下傲戲，乃身自鍛。家雖貧，有人就鍛者，不受直。唯親舊以鷄酒往，與其飲噉，清言而已。」其家貧固甚顯然，與山巨源絕交書亦云：「但願守陋巷，教養子孫，時與親舊敍離闊，陳說平生，濁酒一杯，彈琴一曲，志願畢矣。」雖「潦倒麤疏，不切事情」，頗能自得其樂。好莊老，學養生，外榮華，去滋味，然卒罹罪誅，其偶然者邪？

文選卷十六思舊賦注引干寶晉書（按當作晉紀）曰：

嵇康……（與呂）巽友善。康有潛遯之志，不能被褐懷寶，矜才而上人。安，巽庶弟，俊才妻美，巽使婦人醉而幸之，醜惡發露，巽病之，告安謗已。巽於鍾會有寵，太祖遂徙安邊郡。遺書與康：「昔李叟入秦，及關而歎」云云。太祖惡之，追收下獄。康理之，俱死。

按叔夜先友長悌，遂論交仲悌，相處甚歡。及巽淫安妻，康處其兄弟間，欲相保全，而巽負之，康乃遺書絕交，中申敘經過至詳，書云：

……而阿都去年向吾有言，誠忿足下，意欲發舉，吾深抑之。亦自恃，每謂足下不得迫之，故從吾言，閒令足下因其順吾，與之順親，蓋惜足下門戶，欲令彼此無恙也。又足下許吾終不擊都，以子父六人爲誓，吾乃慨然感足下，重言慰解都，都遂釋然，不復興意。足下陰自阻疑，密表擊都，先首服誣都，此爲都故信吾又無言，何意足下包藏禍心邪？都之含忍足下，實由吾言，今都獲罪，吾爲負之；吾之負都，由足下之負吾也。悵然失圖，復何言哉！

事之始末誠如叔夜之所云。或曰：康之被誅，鍾會與有力焉，世說雅量篇注引文士傳曰：

呂安罹事，康詣獄以明之。鍾會廷論康曰：「今皇道開明，四海風靡，邊鄙無詭隨之民，街巷無異口之義。而康上不臣天子，下不事王侯，輕時傲世，不爲物用，無益於今，有敗於俗，昔太公誅華士，孔子戮少正卯，以其負才，亂羣惑衆也。今不誅康，無以清絜王道。」於是錄康閉獄。

魏氏春秋以會惡康，種因於康鍛，會至，而不為之禮，此似是而實非也。而康之得罪當道，廷論之辭頗能得其意：辭官不為，是「康上不臣天子」也；未奔走司馬之門，是「下不事王侯」也；偶鍛於洛邑，是「輕時傲世」也，而雅量篇注又引王隱晉書曰：「康之下獄，太學生數千人請之，于時豪俊，皆隨康入獄，悉解喻，一時散遣，康竟與安同誅。」此正負才以「亂羣惑衆」也。「天子不得臣，諸侯不得友」（後漢書卷六八郭泰傳引范滂語），林宗得全性命於漢季；「上不臣天子，下不事王侯」，叔夜反以罹罪者，雖時代有異，亦由於林宗「隱不違親」、「貞不絕俗」，而叔夜則「輕時傲世」、「亂羣惑衆」。「亂羣惑衆」，最為當政者所忌，康「自說不堪流俗，而非薄湯武」，大將軍所以「聞而怒焉」，其理正同。更以諸家晉書傳言康被殺於正元二年事證之，魏志卷二十一王粲傳注：

世語曰：「毌丘儉反，康有力，且欲起兵應之，以問山濤，濤曰：『不可。』儉亦已敗。」臣松之案：「本傳云：『康以景元中坐事誅。』而干寶、孫盛、習鑿齒諸書皆云：『正元二年，司馬文王反自樂嘉，殺嵇康、呂安。』蓋緣世語云：『康欲舉兵應毌丘儉。』故謂破儉便應殺康也。」

其事之疏謬自無待言，然亦非無絲毫之迹象可尋者，叔夜嘗撰管蔡論，其論曰：

或問曰：「案記管蔡流言，叛戾東都，周公征討，誅以凶逆，頑惡顯著，流名千載。且明父聖兄，曾不能鑒凶惡于幼稚，覺無良之子弟，而乃使理亂殷之弊民，顯榮爵于藩國，使惡積罪成，終遇禍害，于理不通，心所未安，願聞其說。」

答曰：「善哉！子之問也。昔文王之用管蔡以實，周公之誅以權，權事顯，實理沉，故令時人全謂管蔡爲頑凶。方爲吾子論之，夫管蔡皆服教殉義，忠誠自然，是以文王列而顯之，發、旦二聖，舉而任之，非以情親而相私也。乃所以崇德禮賢，濟殷弊民，綏輔武庚，以興頑俗，功業有蹟，故曠世不廢，名冠當時，列爲藩臣。逮至武卒，嗣誦幼沖，周公踐政，率朝諸侯，思光前載，以隆王業。而管蔡服教，不達聖權，卒遇大變，不能自通，忠於乃心，思在王室，遂乃抗言率衆，欲除國患，翼存天子，甘心毀旦，斯乃愚誠憤發，所以徼禍也。成王大寤，周公顯復，一化齊俗，義以斷恩，雖內信如心，外體不立，稱兵叛亂，所惑者廣，是以隱忍授刑，流涕行誅，示以賞罰，不避親戚。榮爵所顯，必鍾盛德；戮撻所施，必加有罪，斯乃爲教之正體，古今之明義也。管蔡雖懷忠抱誠，要爲罪誅，罪誅已顯，不得復理，內必幽伏，罪惡遂章，幽章之路大殊，故令奕世未蒙發起耳。然論者承名信行，便謂管蔡爲惡，不知管蔡之惡，乃所以令三聖爲不明也。若三聖未爲不明，則聖不祐惡，而任頑凶也。頑凶不容于明世，則管蔡無取私于父兄，而見任必以忠良，則二叔故爲淑善矣。今若本三聖之用明，思顯授之實理，推忠賢之闇權，論爲國之大紀，則二叔之良，乃顯三聖之用也。以流言之故，原周公之誅是矣。且周公居攝，召公不悅，推此言之，則管蔡懷疑，未爲不賢，而忠賢可不達權，三聖未爲用惡，而周公不得不誅。若此，三聖所用信良，周公之誅得宜，管蔡之心見理，爾乃大義得通，內外兼敍，無相伐負者，則時論亦將釋然而大解也。」

叔夜以二叔「忠於乃心，思在王室，遂乃抗言率衆，欲除國患，翼存天子，斯乃愚誠憤發，所以徼禍也」。雖明論管蔡，實暗指儉欽，似此，眞可謂「亂羣惑衆」，「有敗於俗」也。而叔夜雖「含垢藏瑕，愛惡不爭於懷，喜怒不寄於顏」（世說德引篇注引康別傳語），然「尙奇任俠」（魏志卷二十一），名譽天成，自「難乎免於今之世」矣（世說棲逸篇注引文士傳孫登語）。

七　向秀研究

(一) 嵇向言行之差異

向秀字子期，河內懷人，世說言語篇注引秀別傳曰：

少爲同郡山濤所知，又與譙國嵇康，東平呂安友善，並有拔俗之韻。其進止無固必，而造事營生，業亦不異。常與嵇康偶鍛於洛邑，與呂安灌園於山陽，不慮家人有無，外物不足怫其心。……後康被誅，秀遂失圖，乃應歲擧到京師，詣大將軍司馬文王。文王問曰：「聞君有箕山之志，何能自屈？」秀曰：「常謂彼人不達堯意，本非所慕也。」一坐皆悅。

是秀雖少爲山濤所知，未見親近；而實有關其生平出處者，則嵇康、呂安。文選卷十六秀思舊賦序云：

余與嵇康、呂安居止接近，其人並有不羈之才。

「余」下，五臣本有一「少」字，而不見於他書。善注引臧榮緒晉書亦稱秀：

始有不羈之志，與嵇康、呂安友。

李周翰注曰：「不羈，言不可羈束也。」此羈，卽王戎言「爲時所羈紲」之意（見世說傷逝篇引）。必自許「不屈」於王侯，如鍾會廷論稱康「上不臣天子，下不事王侯，輕時傲世，不爲物用」者（世說雅量篇注引文士傳引），始足以當之。故文王因有以譏之也。

秀之出仕，固因康、安之被誅，然其答文王之問，「常謂彼人不達堯意，本非所慕也」，亦自不假。蓋秀之與康、安思想有別，非肇端於此時而早見諸昔日矣。世說文學篇注引秀別傳曰：

秀與嵇康、呂安爲友，趣舍不同，嵇康傲世不羈，安放逸邁俗，而秀雅好讀書，二子頗以此嗤之。後秀將注莊子，先以告康、安，康、安咸曰：「書詎復須注，徒棄人作樂事耳。」

自此以觀：康、安重得意，秀主求解。得意，意自得之爲是；求解，解他心之本如。揆諸其人之言，察諸其人之行，信不謬也。康聲無哀樂論曰：

夫推類辨物，當先求之自然之理，理已足，然後借古義以明之耳。今未得之於心，而多恃前言以爲談證，自此以往，恐巧厤不能紀耳。

此謂必也先得自然之理，然後傅以古義，不得徒以古義而亂人耳目，是亦謂當明本末終始。而此自然之理，必得之於心而具足，故答難養生論曰：

夫至理誠微，善溺於世，然或可求諸身而後悟，校外理以知之。

是亦同理。古義，外物，並爲餘事，舍本置末，不知其可。故康之所重，曰自然之理，然此理在我，我具足此理而不必外求，是以劉彥和謂康「師心以遣論」（文心雕龍才略篇）。師心以遣論，雖不必爲眞，然必安於我心。秀則不必，其難康養生論曰：

導養得理，以盡性命，上獲千餘歲，下可數百年，未盡善也。若信可然，當有得者，此人何在？目未之見，此殆影響之論，可言而不可得。

秀之譏康，「殆影響之論，可言而不可得」，最能得眞，亦最盡其情。以故秀所言之自然，非出於我心之自然，乃事理之實然，天理之自然也。以爲「有生則有情，稱情則自然」，如康之養生，但「背情失性，而不本天理」，「以此養生，未聞其宜」。養生如是，干祿亦然，秀之論曰：

夫人受形於造化，與萬物並存，有生之最靈者也。異於草木，殊於鳥獸。有動以接物，有智以自輔。若閉而默之，則與無智同，何貴於有智哉？有生則有情，稱情則自然。若絕而外之，則與無生同，何貴於有生哉？且夫嗜欲，好榮惡辱，好逸惡勞，皆生於自然。

夫天地之大德曰生，聖人之大寶曰位，崇高莫大於富貴。然則富貴，天地之情也。貴則人順已行義於下，富則所欲得以財聚人，此皆先王所重，開之自然，不得相外也。又曰：富與貴，是人之所欲也。但當求之以道，不苟非義。在上以不驕無患，持滿以損斂不溢，若此何爲其傷德邪？或睹富貴之過，因懼而背之，是猶見食之有噎，因終身不飡耳。夫人含五行而生，口思五味，目思五色，感而思室，饑而求食，自然之理也。但當節之以禮耳。今五色雖陳，目不敢視；五味雖存，口不得嘗，以言爭而獲勝則可，焉有勺藥爲荼蓼，西施爲嫫母，忽而不欲哉？苟心識可欲而不得從，性氣困於防閑，情志鬱而不通，而言養之以和，未之聞也。聖人窮理盡性，宜享遐期，而堯、舜、禹、湯、文、武、周、孔，上獲百年，下者七十，豈復疏於導養耶？顧天命有限，非物所加耳。且生之爲樂，以恩愛相接，天理人倫，燕婉娛心，榮華悅志，服饗滋味，以宣五情，納御聲色，以達性氣，此天理之自然，人之所宜，三王所不易也。今若舍聖軌而恃區種，離親棄懽，約己苦心，欲積塵露以望山海，恐此功在身後，實不可冀也。背情失性，不本天理，長生且猶無懽，況以短生守之邪！

此明秀初不以富貴爲不可爲。是以康雖得意，終罹罪誅；秀則「進止無固必」，或與嵇康偶鍛於洛邑，或與呂安灌園於山陽，而終以應歲舉。別傳又曰：

隨次轉至黃門侍郞，散騎常侍。

曰「隨次」者，最見其精神之所在；隨波逐流，解他心之本如。而秀之爲人，蓋亦可以思過半矣。

（二）注莊與莊注

秀、康於養生之往復答難，但出諸玄論之式，故千載之下猶得見之。或以其時當正始談風因何晏、王弼之卒而中竭；或秀、康本拙于談而長於文也。然秀固不以玄論見稱，而所以鳴於世者，唯得一莊注耳。

世說文學篇云：

初，注莊子者數十家，莫能究其旨要。向秀於舊注外爲解義，妙析奇致，大暢玄風。

注引秀別傳曰：

秀與嵇康、呂安爲友。……秀將注莊子，先以告康、安。……及成，以示二子，康曰：「爾故復勝不？」安乃驚曰：「莊周不死矣！」

秀本傳或言：「秀游託數賢，蕭屑卒歲，都無注述，唯好莊子，聊隱崔譔所注，以備遺忘」云。

據世說言，初注莊子者，得數十家，皆莫能究其旨要，豈臨川生時，猶得見之；抑得諸史書記載；或故老傳聞，而知其大要終始邪？

又本傳所說之「崔譔注」，是否卽世說之「舊注」，亦莫能考。經典釋文敍錄引錄崔譔注於向注前，並曰：

清河人，晉議郎。

而隋書卷三十四經籍志則引作：

東晉議郎崔譔注。

置向注之後。然則將何所從邪？抑就世說「舊注」之名，略去崔譔而不論，以待復考，或稍存其眞也。

而世說旣云「秀於舊注外爲解義」，本傳亦言「聊隱崔譔所注」，是秀之所撰，但如後世之箋疏，所以發明注意；復以先代疏本單行，舊注旣亡，不復明所據；且所隱亦自莊義，卽因以承莊耳。然此殊可疑，別傳於「隱譔注」事但曰「秀本傳或言」，是亦姑備一說，而難以爲訓也，故仍當從別傳向自注莊之說爲是。

向注既成，康、安故驚，誠以其妙析奇致，讀之超然，劉注引竹林七賢論亦云：

秀為此義，讀之者無不超然，若已出塵埃而窺絕冥，始了視聽之表，有神復玄哲，能遺天下，外萬物，雖復使動競之人，顧觀所徇，皆悵然自有振拔之情矣。

秀之莊義，為時賢所重若是，當有可觀者焉。然而竟遭亡佚，雖殘篇斷簡，因他書而得存，終非全豹，遂傳言郭象竊向注。而始造為此說者，則世說文學篇，說曰：

向秀於舊注外為解義，妙析奇致，大暢玄風。惟秋水、至樂二篇未竟而秀卒，秀子幼，義遂零落，然猶有別本。郭象者，為人薄行，有儁才，見秀義不傳於世，遂竊以為己注，乃自注秋水、至樂二篇，又易馬蹄一篇，其餘衆篇，或定點文句而已。後秀義別本出，故今有向、郭二莊，其義一也。

就此而論，實有可疑。秀別傳明言秀注莊成，以示康、安，是秀注本為完篇；今則曰尚遺秋水、至樂二篇未竟而秀卒。不知誰是？而經典釋文敍錄云：「自餘或有外而無雜。」並引崔、向二家之注曰：

崔譔注十卷二十七篇（內篇七外篇二十）

向秀注二十卷二十六篇（一作二十七篇一作二十八篇亦無雜篇）

釋文明崔、向注無雜，而郭注有之，似二者亦頗有以異。然向之雜篇注散見於諸家稱引者正自不少，事亦不足以證此。自是遂成疑案，論者間出，楊明照氏於「郭象莊子注是否竊自向秀檢討」一（見燕京學報第二十八期）一文中，詳列諸家之名而析之曰：

郭象莊子注竊自向秀之說，始於世說新語文學篇，晉書遂著之於傳；而高似孫子略、王應麟困學紀聞、焦竑筆乘、胡應麟四部正僞、謝肇淛文海披沙、陳繼儒續狂夫之言、王昶春融堂集、袁守定佔畢叢談、四庫全書總目提要、及簡明目錄、陸以湉冷廬雜識，復相率承之無疑義。疑之者，則濫觴於錢曾讀書敏求記、王先謙莊子集解、吳承仕經典釋文序錄疏證，亦先後爲之辨白，然皆鑄詞簡濶，弗之詳論也。

至近人著述，亦多有論及者。而用成專文，特加探討，則有如下諸家：

劉盼遂　申郭象注莊子不盜向秀義　文字同盟第十期

楊明照　郭象莊子注是否竊自向秀檢討　燕京學報第二十八期

王叔岷　莊子向郭注異同考　中央圖書館館刊第一期

侯外廬等　向秀與郭象的莊注疑案與莊義隱解　中國思想通史第三卷第六章第二節

諸家所取塗徑互異，各有所得，莫不以象實用秀注，而象、秀之說初未有別。此爲近世學人對此問題作廣泛、深入研究後之所得，尋且成爲定說矣。

（三）向郭注比照

向注不傳，而雜見於他書，今試就東晉張湛列子注所引，與傳世郭象莊子注作一比照，雖非全貌，亦可以考見其一二矣。

蹈火不熱，行乎萬物之上而不慄。

向注：天下樂推而不厭，非吾之自高，故不慄者也。（列子黃帝篇）

郭注：至適，故無不可耳，非物往可之。（莊子達生篇）

物何以相遠也。

向注：唯無心者獨遠耳。

郭注：唯無心者獨遠耳。

夫奚足以至乎，先是色而已。

向注：同是形色之物耳，未足以相先也，以相先者唯自然也。

郭注：同是形色之物耳，未足以相先也。

是故遻物而不慴。
向注：遇而不恐也。
郭注：（無）
彼得全於酒，而猶若是。
向注：醉故失其所知耳，非自然無心也。
郭注：醉故失其所知耳，非自然無心者也。
而況得全於天乎。
向注：得全於天者，自然無心，委順至理也。
郭注：（無）
五六月累二丸而不墜，則失者錙銖。
向注：累二丸而不墜，是用手之停審矣，故承蜩所失者不過錙銖之間耳。
郭注：累二丸於竿頭，是用手之之停審也，其承蜩所失者不過錙銖之間也。
善游者數能。
向注：其數自能也，言其道數必能不懼舟也。

郭注：言物雖有性，亦須數習而後能耳。

若夫沒人，則未嘗見舟，而謖操之也。

向注：能矜沒之人也。

郭注：沒人謂能鶩沒於水底。

鄭人見之，皆避而走。

向注：不喜自聞死日也。

郭注：不熹自聞死日也。（應帝王篇）

列子見之而心醉。

向注：迷惑其道也。

郭注：（無）

壺子曰：吾與汝既其文，未既其實，而固得道與？衆雌而無雄，而又奚卵焉！

向注：夫實由文顯，道以事彰，有道而無事，猶有雌無雄耳。今吾與汝雖深淺不同，然俱在實位，則無文相發矣，故未盡我道之實也。此言至人之唱，必有感而後和者也。

郭注：言列子之未懷道也。

而以道與世相抗，必信矣夫。故使人得而相汝。

向注：抗其一方，以必信於世，故可得而相也。

郭注：未懷道則有心，有心而抗其一方，以必信於世，故可得而相之。

向吾示之以地文，萌乎不震不止。

向注：塊然若土也。萌然不動，亦不自止，與枯木同其不華，死灰均其寂魄，此至人無感之時也。夫至人，其動也天，其靜也土，其行也水流，其湛也淵嘿，淵嘿之與水流，天行之與地止，其於不爲而自然，一也。今季咸見其尸居而坐忘，卽謂之將死，見其神動而天隨，便謂之有生，苟無心而應感，則與變升降，以世爲量，然後足爲物主，而順時無極耳，豈相者之所覺哉？

郭注：萌然不動，亦不自止，與枯木同其不華，溼灰均於寂魄，此乃至人無感之時也。夫至人，其動也天，其靜也地，其行也水流，其止也淵嘿。淵嘿之與水流，天行之與地止，其於不爲而自爾，一也。今季咸見其尸居而坐忘，卽謂之將死，覩其神動而天隨，因謂之有生，誠應不以心，而理自玄符，與變化升降，而以世為是，然後足為物主，而順時無極，故非相者所測耳。此應帝王之大意也。

是殆見吾杜德機也。

向注：德機不發，故曰杜也。

郭注：德機不發，故曰杜。吾杜德機，崔云：塞吾德之機。

向吾示之以天壤。

向注：天壤之中，覆載之功見矣，比地之文不猶外乎！

郭注：天壤之中，覆載之功見矣，比之地文不猶外乎！此應感之容也。

名實不入。

向注：任自然而覆載，則名利之飾，皆為棄物。

郭注：任自然而覆載，則天機玄應，而名利之飾，皆為棄物。

是殆見吾善者機也。

向注：有善於彼，彼乃見之，明季咸之所見淺也。

郭注：機發而善於彼，彼乃見之。

子之先生不齋。

向注：無往不平，混然不中，混然一之，以管窺天者，莫見其崖，故以不齋也。

郭注：（無）

以太冲莫勝。

向注：居太冲之極，皓然泊心，玄同萬方，莫見其迹。

郭注：居太冲之極，皓然泊心，而玄同萬方，故勝負莫得措其間也。

以未始出吾宗。

向注：雖進退同羣，而常深根寧極也。

郭注：雖變化無常，深根寧極也。

吾與之虛而倚移（莊子倚移作委蛇），不知其誰何。

向注：無心以隨變也，汎然無所係。

郭注：無心而隨物化，汎然無所係。

因以爲茅（莊子茅作弟）靡，因以爲波流，故逃也。

向注：變化頹靡，世事波流，利化不因，則爲之非我，我雖不爲，而與羣俯仰。夫至人一也，然應世變而時動，故相者無所用其心，自失而走者也。

郭注：變化頹靡，世事波流，無往而不因也，夫至人一耳，然應世變而時動，故相者無所措其目，自失而走。此明應帝王者無方也。

食豨如食人。

向注：忘貴賤也。

郭注：忘貴賤也。

於事無親。

向注：無適無莫也。

郭注：唯所遇耳。

雕琢復朴，塊然獨以其形立。

向注：雕琢之文復其眞，則外事去矣。

郭注：去華取實，外飾去也。

忿而封戎（莊子作紛而封哉），壹是以終。

向注：眞不散也，遂得道也。

> 郭注：雖動而眞不散也，使物各自終。

就向、郭注比照觀之，有文義皆同者，有文異而義同者，有向注之而郭無有者，有向有而郭增補者。然則象竊秀注之嫌疑終不可脫矣。

（四）向郭注解析

自向、郭注比照觀之，似可證晉書秀傳所云「郭象又述而廣之」一語爲眞，然若無義理上之根據，終難爲確切之斷語也。故又爲之解析：

郭所注，可以莊注明之。庚桑楚「有不能以有爲有，必出乎无有」注：

> 夫有之未生，以何爲生乎？故必自有耳。豈有之能有乎？此所以明有之不能爲有而自有耳。

有之必待自有而有，无有以相先也，雖道亦然，則陽篇「道故不可有，有不可无」注：

> 道故不能使有，而有者常自然也。

雖道亦无能使有，而有者常自然也，何謂？齊物論「夫吹萬不同，而使其自己也」注：

> 无既无矣，則不能生有；有之未生，又不能爲生。然則生生者何哉？塊然而自生耳。自

生耳，非我生也；我既不能生物，物亦不能生我，則我自然矣。天然耳，非爲也。故物各自生，而無所生焉，此天道也。

天道孔明，而物以自生，有者常自然者，塊然而自生耳，此即所以爲自然也，以唯此始足以生，而他無所出也。知北遊「天不得不高，萬物不得不昌，此其道與」注：

言此皆不得不然而自然耳，此道能使然也。

又齊物論「非彼无我，非我无所取，是亦近矣」注：

彼自然也。自然生我，我自然生。故自然者，即我之自然，豈遠之哉！

此但言有之爲有，不得不然，自己而然，而物各自生，不假他力也。知北遊「有先天地生物者邪？物物者非物，猶其有物也，无已」注：

誰得先物者乎哉？吾以陰陽爲先物，而陰陽者，即所謂物耳；誰又先陰陽者乎？吾以自然爲先之，而自然即物之自爾耳；吾以至道爲先之矣，而至道者，乃至无也；既以无矣，又奚爲先？然則先物者誰乎哉？而猶有物，无已。明物之自然，非有使然也。

是舉天地間无有足以先物者也，故吾人得以知之，乃所以忽然而自爾也。同篇「彼爲積散非積散」注：

既明物物者无物，又明物之不能自物，則爲之者誰乎哉？皆忽然而自爾也。

是以吾人知郭注之爲說，但无物以相先，此見達生篇「夫奚足以至乎先，是色而已」注：

同是形色之物耳，未足以相先也。

子玄之義，非僅形色之物皆自然以生，未足以相先；即非形色之物，如陰陽、自然、至道，亦以或所謂物，或隨物之生而俱來，仍不足以相先。物之先固非有物也，物之生，亦自爾耳，何他力之有？反視向子期之說，列子黃帝篇注引秀曰：

同是形色之物耳，未足以相先也。以相先者，唯自然也。

子期唯於「同是形色之物耳，未足以相先也」後，益「以相先者，唯自然也」，而意遂異。子玄以自然即物之自爾，而子期則以形色之物雖不足以相先，至自然，超乎形色者也，自足以相先。列子天瑞篇「故生物者不生，化物者不化」（張湛注謂「莊子亦有此言」，然今本莊子無，郭注亦無）注引秀曰：

吾之生也，非吾之所生，則生自生耳。生生者豈有物哉？故不生也。吾之化也，非物之所化，則化自化耳。化化者豈有物哉？無物也，故不化焉。若使生物者亦生，化物者亦化，則與物俱化，亦奚異於物？明夫不生不化者，然後能爲生化之本也。

既謂「生生者豈有物哉？故不生；化化者豈有物哉？故不化」，似更別無一生生化化者。然彼意實在明此生物化物者本身之不生不化，唯明夫其不生不化，始足能為「生化之本」也。尋考天瑞篇原意，亦正如是，其言曰：「有生不生（原注：生物而不自生者也。），有化不化（原注：化物而不自化者也。）。不生者能生生（原注：不生者，固生物之宗。），不化者能化化（原注：不化者，固化物之主。）。生者不能不生，化者不能不化（原注：生者非能生而生，化者非能化而化也，直自不得不生，不得不化者也。），故常生常化。常生常化者，無時不生，無時不化。陰陽爾，四時爾，不生者疑獨（原注：不生之主，豈可實而驗哉？疑其冥一而無始終也。），不化者往復。往復，其際不可終；疑獨，其道不可窮。……故生物者不生，化物者不化。」處度之注此章，亦發明此不生不化者之能生生化化，既引子期之說，當亦謂其說有足資發明其理者。然此處所引之不生不化而為生化之本，是否即前引先形色之物而存有之自然，已不可考。郭注齊物論「惡識所以然，惡識所以不然」云：

世或謂罔兩待景，景待形，形待造物。請問乎造物者有邪？無也，則胡能造物哉？有也，則不足以物衆形。故明夫衆形之自然，自後始可與言造物耳！是以涉有物之域，雖復罔兩，未有不獨化於玄冥者也。故造化者無主，而物各自造；物各自造，而無所待焉！此天地之正也。

是但說物之塊然自生，無所他待，無有造物主存乎其先也，故「罔兩待景，景待形，形待造物」自亦難立，遂而云：

故彼我相因，形景俱生，雖復玄合，自非待也。明斯理也，將使萬物各反所宗於體中，而不待乎外。外無所謝，而內無所矜，是以誘然皆生，而不知所以生；同焉皆得，而不知所以得也。今罔兩之待景，猶云俱生而非待也，則萬物雖聚而共成乎天，而皆歷然莫不獨見矣。故罔兩非景之所制，而景非形之所使，形非无之所化也。則化與不化，然與不然，與人之與由己，莫不自爾，吾安識其所以哉！

按「罔兩待景」注：

罔兩，景外之微陰也。

是子玄以罔兩乃景外之微陰，俱生而無待，亦猶如自然之與形色之物，莫能相先也。而陸德明莊子音義引秀釋罔兩曰：

景之景也。

既爲景之景，則後景待前景而後生，是亦謂罔兩自待景而後生。至郭注所稱：「世或謂罔兩待景，景待形，形待造物。」或卽指向說之謂物之生化有待於造物主。然則向郭注如是歧異，將何云其所主同邪？雖然，兩家之注同者蓋亦多矣！謂象必不竊秀注則不可，謂象全用秀注亦不可，然則象豈竊秀注，非且述而廣之，且又予以根本之修正。若是，則雖云象創新也可矣！

（五）易注

子期注莊，妙析奇致，大暢玄風，然初非專精於道，世說言語篇注引秀別傳曰：

後注周易，大義可觀，而與漢世諸儒互有彼此。

按秀易注，隋、唐志皆不見著錄。張璠用二十二家易爲漢解，依秀爲本（經典釋文敍錄說），亦亡佚。今但就散見諸書而可以考見者，並附前人或當時之說，用明秀注之淵源大凡焉。

史記卷一一七司馬相如傳索隱引秀云：

聖人在位，謂之大人。

經典釋文乾卦「大人」引王肅云：「聖人在位之目。」其說蓋同。

經典辭文坤卦「馴」引秀云：

從也。

其下復云：「徐（爰）音訓，此依鄭義。」丁小疋杰後定周易鄭注於此條注曰：「姚士粦跋，引釋文『馴，從也』為鄭注，惠本用之。臧在東云：『釋文：馴，似遵反。向秀云：從也。此釋王弼義也。又曰：徐音訓，此依鄭義。謂徐仙民音馴為訓，是依鄭義。史記五帝本紀：能明馴德。徐廣曰：馴，古訓字。又五帝本紀：百姓不親，五品不馴。周禮地官司徒注：教所以親百姓，訓五品。此鄭以馴為訓之驗。』」若其說為眞，則鄭向義固有異矣。

經典釋文泰卦「篇篇」引向本作「翩翩」，並云：

輕舉貌。

李鼎祚集解卷四引虞翻曰：「二五變時，四體離飛，故翩翩。」說同而向義勝。

李鼎祚集解卷四豫卦「盱豫悔」注引秀曰：

睢盱，小人喜悅佞媚之貌也。

釋文引省「佞媚」二字，又曰：「王肅云：『盱，大也。』鄭云：『誇也。』說文云：『（盱）張目也，（睢）仰目也。』」說異。

經典釋文復卦「自考也」引秀釋「考」云：

察也。

復引鄭云：「考，成也。」說異。

李鼎祚集解卷六大過卦「棟橈，本末弱也」注引秀曰：

棟橈則屋壞，主弱則國荒。所以橈，由於初上兩陰爻也。初爲善始，末是令終，始終皆弱，所以棟橈。

又引王弼曰：「初爲本，而上爲末也」，復引虞翻曰：「大壯五之初，或兌三之初，棟橈謂三。巽爲長木，稱棟。初上陰柔，本末弱，故棟橈也。」說同而向義稍勝。

周易益卦「利有攸往，利涉大川」正義引秀云：

明王之道在惠下，故取下謂之損；與下謂之益，既上行惠下之道，利益萬物，動而无違，何往不利。故曰：利有攸往。以益涉難，理絕險阻。故曰：利涉大川。

李鼎祚集解卷八益卦引虞翻曰：「否上之初也，損上益下，其道大光，二利往坎應五，故利有攸往，中正有慶也。謂三失正，動成坎，體渙，坎爲大川，故利涉大川。渙，舟楫象，木道乃行也。」復引鄭元曰：「陰陽之義，陽稱爲君，陰稱爲臣。今震一陽二陰，臣多於君矣。而四體巽，之不應初，是天子損其所有以下諸侯也。人君之道，以益下爲德，故謂之益也。震爲雷，巽爲風，雷動風行，二者成，猶人君出教令，臣奉行之，故利有攸往。坎爲大川，故利涉大川矣。」

說頗相異。

史記卷八十四屈原傳集解引秀曰：

渫者，浚治去泥濁也。

李鼎祚集解卷十井卦「井渫不食」注引荀爽曰：「渫去穢濁，清潔之意也。」文選卷十一王仲宣登樓賦注引鄭曰：「謂已浚渫也，猶臣脩正其身以事君也。」向義近荀而有所不及。

以此觀之，向頗採荀、虞、王之說，而與康成、輔嗣有異，若其解困卦「曰動悔」而「言其无不然」（經典釋文引），初非漢儒家法，故別傳稱其「大義可觀，而與漢世諸儒互有彼此，未若隱莊之絕倫也」，的是實錄。

（六）出處與仕道

子期之並好儒道，早見於童稚，世說言語篇注引秀別傳曰：

弱冠著儒道論，棄而不錄，好事者或存之。或云：是其族人所作，困於不行，乃告秀，欲假其名，笑曰：「何復爾耳！」

秀之撰儒道論，自屬可能。卽如後說，設秀眞棄儒向道，則族人安得告而欲假其名，是凡夙必有以示人兼綜儒道者矣。而其於說理、立身、行事處，亦可見之，秀之難叔夜養生論曰：

夫人受形于造化，與萬物竝存，有生之最靈者也。異于草木，草木不能避風雨，辭斤斧；殊于鳥獸，鳥獸不能遠網羅而逃寒暑，有動以接物，有智以自輔，此有心之益，有智之功也。若閉而默之，則與無智同，何貴于有智哉！

有生則有情，稱情則「自然」，若絕而外之，則與無生同，何貴于有生哉！

且夫嗜欲，好榮惡辱，好逸惡勞，皆生于「自然」。夫天地之大德曰生，聖人之大寶曰位，崇高莫大于富貴。然富貴，天地之情也，貴則人順己以行義于下，富則所欲得以有財聚人，此皆先王所重，關之「自然」，不得相外也。

肴糧入體，不踰旬而充，此「自然」之符，宜生之驗也。夫人含五行而生，口思五味，目思五色，感而思室，飢而求食，「自然」之理也，但當節之以「禮」耳。

且生之爲樂，以恩愛相接，天理人倫，燕婉娛心，榮華悅志，服饗滋味，以宣五情，納御聲色，以達性氣，此天理之「自然」，人之所宜，三王所不易也。

是子期之所謂「自然」，但指盡所稟受之情性智能，而不强爲造作。「絕五穀」、「去滋味」、「寡情欲」、「抑富貴」，但爲「背情反性」，而「未之敢許」。雖以適性爲自然，非漫無限制，「但當節之以禮」。此禮，卽順情性而爲制，是乃自然無爲之極致，初不必背之也。論又曰：失「天地之大德曰生，聖人之大寶曰位」，「崇高莫大於富貴」。然則富貴，天地之情也，貴則人順已行義於下，富則所欲得以財聚人，此皆先王所重，關之自然，不得相外也。又曰：「富與貴，是人之所欲也。」但當求之以道，不苟非義。在上以不驕無患，持滿以損斂不溢，若此何爲其傷德邪？或睹富貴之過，因懼而背之，是猶見食之有噎，因終身不飡耳。

前二句引自易繫辭，後一句則用論語里仁篇文。合儒道，美富貴，此子期之所以終於入仕，雖似與其早歲所作爲有不盡相合處，初不背其志。而其力倡盡性，猶節之以禮，亦可見其於超然處，尙見平實。

世說言語篇注引秀別傳曰：

隨次轉至門侍郎，散騎常侍。

今按御覽二二一引晉官品令曰：「給事黃門侍郎四人，……與侍中掌文書，……典署其事。」又二二四引華嶠集云：「詔曰散騎…　掌讚詔命，平處文籍。」而晉書卷十四職官志亦曰：「魏晉散騎侍郎，與侍中，黃門侍郎，共平尙書奏事。」是西晉黃門侍郎、散騎常侍，職掌文案，典平尙書機事，而最爲樞密之任也。言其品秩，則黃門侍郎六百石第五品，散騎常侍比二千石第三品。子期綰此職任，豈偶然之際遇邪？抑隨次而所可以轉至此邪？晉書卷四十五任愷傳曰：

愷少有識量，尙魏明帝女，累遷中書侍郎，員外散騎常侍。晉國建，爲侍中，封昌國縣侯。愷有經國之幹，萬機小大，多管綜之，性忠正，以社稷爲己任。帝器而昵之，政事多諮焉。……愷惡賈充之爲人也，不欲令久執朝政，每裁抑焉。充病之，不知所爲。……充旣爲帝所遇，欲專名勢，而庾純、張華、溫顒、向秀、和嶠之徒皆與愷善；楊珧、王恂、華廙等，充所親敬，於是朋黨紛然。帝知之，召充、愷宴於式乾殿，而謂充等曰：「朝廷宜一，大臣當和。」充、愷各拜謝而罷，旣而充、愷等以帝已知之而不責，結怨愈深，外相崇重，內甚不平。

其後，充乃薦愷爲吏部尙書，愷侍覲轉希；充因與荀勗、馮紞等承間共譖之，愷自是得罪，廢於家。通鑑置此條于武帝泰始八年。意或當愷總門下樞要時，秀附之，而得以隨次轉至黃門侍郎、散騎常侍。至同書卷四九本傳所說「在朝不任職，容迹而已，卒于任」，自當爲泰始八年，愷廢以後事也。欲親近充而不得，其鬱鬱以卒者可以想見矣。

八　山濤研究

（一）出　處

世說政事篇注引虞預晉書曰：

山濤，字巨源，河內懷人。祖本，郡孝廉。父曜，宛句令。濤蚤孤而貧，少有器量，宿士猶不慢之。年十七，宗人謂宣帝曰：「濤當與景、文共綱紀天下者也。」帝戲曰：「卿小族，那得此快人邪？」

宛句，在兗州濟陰。曜遠出游宦，不過一令，此宣帝所謂之小族也。益以早孤而貧，境遇可知。御覽卷二六五引王隱晉書曰：

年四十，始爲州辟部河南從事。

此拔等特異之事，非故事也。按唐修晉書卷四三本傳云：

濤年四十，始爲郡主簿，功曹，上計掾，擧孝廉，州辟部河南從事。

是或當有所據。然則濤年四十，始出爲郡主簿，四十以前，固猶爲民也。即以其歷功曹，上計掾，舉孝廉，州辟郡河南從事，循階而進，自亦難言濤四十以前有何成就之足論，是濤之早年境遇初不甚佳也。

濤生于漢獻帝建安十年（西紀二〇五年），年四十，是爲齊王正始五年（西紀二四四年）。及正始之八年，曹爽專擅朝政，兄弟並典禁兵，太傅司馬懿稱疾，濤遂去職，世說政事篇注引虞預晉書曰：

> 爲河內從事，與石鑒共傳宿。濤夜起蹋鑒曰：「今何等時而眠也，知太傅臥何意？」鑒曰：「宰相三日不朝，與尺一令歸第，君何慮焉？」濤曰：「咄！石生無事馬蹄間也。」投傳而去。果有曹爽之事，遂隱身不交世務。

濤河內人，終未有離鄉他辟之說，是知前引王隱晉書、唐修晉書作「河南從事」者皆誤。以此觀之，濤之初次入仕，正正始何晏爲吏部之時。三年間，所歷雖不過地方之掾屬，其所關注，固在于中央。而高瞻遠矚，尤非儕輩所可及。未來之騰達，豈偶然者邪！

至濤之二次入仕，則與婚姻有關。唐修晉書卷四十三本傳曰：

> 與宣穆后有中表親，是以見景帝。帝曰：「呂望欲仕邪？」命司隸舉秀才，除郎中，轉驃騎將軍王昶從事中郎。久之，拜趙國相，遷尚書吏部郎。

按同書卷三十一宣穆張皇后傳曰：

諱春華，河內平皋人也。父汪，魏粟邑令，母河內山氏，司徒濤之從祖姑也。

故濤乃景文兄弟輩。既曰「見景帝」，是師已嗣位大將軍，當爲嘉平四年（西紀二五二年）以後事。距濤前之去官，又復八年矣。而此次入仕，以迄歿身，三十餘載，未嘗離職他去，亦未嘗棄司馬氏而別從魏室。其晚歲讓司徒表曰：「臣事天朝三十餘年。」（見本傳引）時晉方立國十八年，而濤敢曰「三十餘年」者，卽此之故。

濤之忠勤於晉室，於魏晉際之行事可見，本傳曰：

遷大將軍從事中郎。鍾會作亂於蜀，而文帝將西征，時魏氏諸王公竝在鄴，帝謂濤曰：「西偏，吾自了之；後事深以委卿。」以本官行軍司馬，給親兵五百人，鎭鄴。

又曰：

及武帝受禪，以濤守大鴻臚，護送陳留王詣鄴。

又曰：

出爲冀州刺史，……轉北中郎將，督鄴城守事。

鄴，魏氏五都之一，而始建國之地也。魏氏雖亡，故國王公，孤臣遺民，猶多處此，然則晉之所以命濤者，亦猶管蔡之所以監殷也。晉室之重濤也如此，濤之事晉也又如彼，豈婚姻之效，知遇之恩哉！

（二）銓　選

唐修晉書卷四三濤傳曰：

與宣穆后有中表親，是以見景帝。帝……命司隸擧秀才，除郎中，轉驃騎將軍王昶從事中郎。久之，拜趙國相，遷尙書吏部郎。

按昶以高貴鄉公正元二年（西紀二五五年）夏四月甲戌爲驃騎將軍，甘露三年（西紀二五八年）秋八月甲戌轉司空，濤之爲驃騎將軍從事中郎，自在其間。其拜趙國相，或卽因昶之去職驃騎將軍也。至其遷尙書吏部郎，當益晚近，而在景元（西紀二六〇年）之前後，既而遷大將軍從事中郎，此一時期雖非特久，固爲濤之初任選職也。

自是以迄濤之歿世，二十餘年間，其進退，有如後表所示：

魏	陳留王	景元五年	264	以大將軍從事中郎行軍司馬，給親兵五百人，鎭鄴。
		咸熙元年	264	封新沓子，轉相國左長史，典統別營。

晉武帝	泰始元年	265	守大鴻臚，護送陳留王詣鄴。
	泰始二年	265	加奉車都尉，進爵新沓伯。
	泰始四年	268	出爲冀州刺史，加寧遠將軍。
			轉北中郎將，督鄴城守事。
	泰始七年	271	入爲侍中。
	泰始八年	272	遷尚書，以母老辭，除議郎。
			後除太常卿，以疾不就。
	泰始十年	274	爲吏部尚書。
	咸寧元年	275	轉太子少傅，加散騎常侍。
	咸寧四年	278	除尚書僕射，加侍中，領吏部。
	太康元年	280	遷右僕射，加光祿大夫，掌選如故。
	太康三年	283	拜司徒。
	太康四年	283	十一月卒。

由此表可以考知濤是後又復二爲吏部，尤以咸寧四年以迄太康三年拜司徒此一時期爲長，然歷時

不過五年有餘，而本傳於其固辭尙書僕射加侍中領吏部不獲已後，曰：

濤再居選職，十有餘年。

此眞不知所謂也。卽自泰始十年計之，猶且不足，況乎而今之但起自咸寧任僕射以後？雖然如是，濤之一生所可言者，一唯政事；而政事之中可以言稱者，亦一唯此選擧耳。此所以專節而論之也。

本傳曰：

每一官缺，輒啓擬數人。……濤所奏甄拔人物，各爲題目，時稱山公啓事。

又世說政事篇曰：

山司徒前後選殆周遍百官，擧無失才，凡所題目，皆如其言。

山公啓事之存於今者，已不多覩，全晉文卷三十四搜輯最衆，得五十二條，稍可以考見其眞矣。有直請斯人可任斯職者，如引御覽二百四十五云：

中庶子賈模遷，缺。周蔚純粹篤誠，宜補。

有擧數人請候上決者，如引御覽二百十九曰：

詔，侍中缺，當復得人，誰可者？雍州刺史郭奕、右衞將軍王濟，皆誠直忠亮，有美才，侍中之最高者也。

有擧數人而標先後，或稍輕重於其間。前者如所引淳化閣帖三：

侍中尙書僕射奉車都尉新沓伯臣濤言：臣近啓崔諒、史曜、陳淮可補吏部郎，詔書可爾。此三人皆衆論所稱，諒尤質直少華，可以敦敎，雖大化未可倉卒，風尙所勸，爲益者多，臣以爲宜先用諒。謹隨事以聞。

而後者則如：

侍中彭權遷，當選代。案雍州刺史郭奕，高簡有雅量，在兵間少，不盡下情；處朝廷，足以肅正左右。右衞將軍王濟，才高茂美，後來之冠，此二人誠顧問之秀，聖意儻惜濟，貴之。驍騎將軍荀愷，智器明敏，其典宿衞，終不減濟；祭酒庾純，强正有學，亦堪取選，國學初建，王、荀已亡，純能其事，宜當小留，粗立其制，不審宜爾有當聖旨者不？

選擧所及，殆「周遍百官」，而濤復措意其中，本傳曰：

每一官缺，輒啓擬數人，詔旨有所向，然後顯奏，隨帝意所欲爲先。故帝之所用，或非擧首，衆情不察，以濤輕重任意，或譖之於帝，故帝手詔戒濤曰：「夫用人惟才，不遺疏遠卑賤，天下便化矣。」而濤行之自若，一年之後，衆情乃寢。

從本傳說，則濤之銓選，或有隨帝意而為之輕重者，比不必為假。然其所輕重，固在濤啓擬諸人之中，而凡所啓擬，又皆濤所認為的當之選。故帝之所用，容非擧首，終不甚遠也。此與全用帝意者不同，如詔用陸亮，而不聽濤之諫，濤乃辭疾還家，而亮終以坐事免官（見世說政事篇注引晉諸公贊）；濤之擧阮咸，又復三請不許（見文選五君詠注引曹嘉之晉紀），是皆所以明濤之所以處選也。故世說政事篇注引竹林七賢論曰：

濤之處選，非望路絕。

然則濤之所以享選擧之盛名，豈偶然者邪！

（三）處人與處世

山濤之一生，歷三朝三姓，所見不為不多；而得名在五十歲後，忠勤晉室，爵高位尊，所處不為不重。至其所以示人也，則頗有難以名焉者，御覽卷四四五引王隱晉書曰：

裴楷嘗目……山濤，若登山臨下，幽然深遠。

又世說識鑒篇注引名士傳曰：

濤居魏晉之間，無所標名。

按名士傳，袁宏所撰。同書又曰：

王夷甫推歎濤，晻晻爲與道合，其深不可測。

又賞譽篇：

王戎目山巨源如璞玉渾金，人皆欽其寶，莫知名其器。

注引顧愷之畫贊曰：

濤無所標名，淳深淵默，人莫知其際，而囂然亦入道，故見者莫能稱謂，而服其偉量。

又賢媛篇注引晉陽秋曰：

濤雅量恢達，度量弘遠，心存事外，而與時俯仰。

綜此，則當時人所以目濤者，曰渾樸，曰深遠，曰合道，曰偉量。渾璞形其外；深遠說其內；合道，就其全體而觀之也。唯偉量，乃所以明其行，濤亦頗以此自許焉，世說賢媛篇曰：

山公與嵇、阮一面，契若金蘭。山妻韓氏，覺公與二人異於常交，問公，公曰：「我當年可以爲友者，唯此二生耳。」妻曰：「負羈之妻，亦親觀狐趙，意欲窺之，可乎？」他日，二人來，妻勸公止之宿，具酒肉，夜穿墉以視之，達旦忘反。公入曰：「二人何如？」妻曰：「君才殊不如，正當以識度相友耳。」公曰：「伊輩亦常以我度爲勝。」

「伊輩亦常以我度爲勝」，可見其自得之情，然則濤之所以用世者，以「度」，似璞，似深，似道，處人若斯，處世亦然，本傳曰：

初，陳郡袁毅嘗爲鬲令，貪濁而賂遺公卿，以求虛譽，亦遺濤絲百斤。濤不欲異於時，受而藏於閣上。後毅事露，檻車送廷尉，凡所受賂，皆見推檢。濤乃取絲付吏，積年塵埃，印封如初。

濤之納賂，在「不欲異於時」，亦所以不欲獨淸於世也。此雖後人所記，信其不假。以濤處魏晉間，無所標名。而與時俯仰，蓋亦有爲而爲之者也。

九　綜　論

魏晉百年間事，於政治，則世歷三朝，篡代相聞，於學術，則莊老爲宗，而絀六經；於風俗，則放達淫僻，恥尙失所，此唯「丕變」一詞可以形容之。旣不同於本初，亦有異於將來，駁雜未純，猶得其迹。七賢之生平事蹟，如前所硏討描敍者矣，乃綜而論焉，聊加比附，並蘄有以發明其時代云爾。

(一) 七賢之出身

七賢出身，皆非顯赫豪貴之家，吾人於此，當有一淸晰之認識。

阮籍，瑀子。咸，籍兄熙之子。瑀雖以文名，然至建安十七年卒時，官不過丞相倉曹掾屬，而籍方三齡童耳。世說任誕篇注引竹林七賢論曰：

諸阮前世皆儒學，善屋室。唯咸一家尙道棄事，好酒而貧。

御覽三一作「唯籍一巷尙道業，好酒而貧」，世說亦以仲容、步兵並稱。然元瑜旣從曹氏，處掾屬之任，自有俸祿，可以養生；又少受學於蔡邕，非尙道業。故嗣宗少時，得遨遊四方，不虞匱乏；而通易一論，允爲巨構。足證御覽、世說二書之有誤，而七賢論或稍近眞也。咸之早年處境，殊非豐實，亦由是可知。

若王戎者，雖琅邪王姓，其時尙未爲名族。據世說附琅邪臨沂王氏譜：祖雄，魏幽州刺史。幽州，位屬邊郡。而父渾，及戎十五齡時，猶在郎署，而以晉涼州刺史、貞陵亭侯，卒於任，其門第固亦可知也。

嵇康之「姓」，及其先世之傳說，既屬迷離，有關其父兄之記載，亦殊難令人滿意。魏志王粲傳注引嵇氏譜云：

康父昭，字子遠，督軍糧、治書侍御史。

嵇氏譜誠嫌過簡，然可以他說補充之。康與山巨源絕交書自云：

少加孤露。

又幽憤詩亦云：

嗟余薄祜，少遭不造，哀煢靡識，越在襁褓。母兄鞠育，有慈無威。

又答郭遐周遐叔兄弟詩曰：

昔蒙父兄祚，少得離負荷。

是康雖少孤，家用不乏。自云蒙父兄之祚，乃能至此。惜其兄已不可確考，否則當更有以解之。

山濤，世說政事篇注引虞預晉書曰：

祖本，郡孝廉；父曜，宛句令。濤蚤孤而貧。

此宣帝所謂之「小族」也。由濤四十方始入仕，可推其境遇之難。

綜此以觀，除劉伶、向秀二人之家世不見於記載外，他五賢中，唯王戎境遇爲佳，以其士族，兼且親全。餘則或以早孤，或以貧乏，實堪悲憫。然其中竟有式享盛名，攀登高位者，雖才力所致，亦足以證其時猶同於漢季，以才而不以門第擧。

（二）七賢與正始之關係

魏室與司馬氏之爭，其勢力消長之機，固在於正始；而思想由儒入道，始開玄風，亦在於正始之時。

蓋齊王芳以景初三年春正月丁亥嗣立，曹爽、司馬懿共受遺詔輔政。二月丁丑，爽轉懿爲太傅，而權歸于爽，爽乃以何晏爲吏部尙書。明年，爲正始元年。正始之八年，五月，懿稱疾，不與政事。十年春正月甲午，懿用策奏免爽。戊戌，爽、晏等並以謀不軌見殺。自是權歸於司馬氏，魏室遂受其宰割矣。

何晏，字平叔，魏志本傳稱其「好老莊言，作道德論，及諸文賦，著述凡數十篇」，世說文學篇云：「何晏爲吏部尙書，有位望，時談客盈坐。」注引文章敍錄曰：「晏能清言，而當時權勢，天下談士多宗尙之。」魏故事，吏部主選擧，最爲淸貴。而晏居位十年，與正始正相終始。而正始談風之盛，實由斯人之倡導。故文心雕龍論說篇云：

迄至正始，務欲守文，何晏之徒，始盛玄論。於是聃周當路，與尼父爭塗矣。

由此可見當時之風氣。

然則正始一朝，於政學兩途，豈不要哉！反視七賢之與正始關係，或可有助於吾人之了解諸賢此後之出處，及思想之形成也。

正始三年　阮籍三十三歲，太尉蔣濟辟之，此籍之始入仕也。後謝病歸。

正始五年　山濤四十歲，始入仕爲郡主簿，轉功曹，上計掾，擧孝廉，州辟部河內從事。

正始八年　山濤四十三歲，因見太傅司馬懿稱疾，知將有變，自河內從事棄官去。

正始九年　阮籍三十九歲，時爲尙書郎。

王戎十五歲，隨父在郎舍，因見籍。

籍轉曹爽參軍，以疾歸里。

嵇康二十六歲，在是年，或更前，婚魏長樂亭主，因以遷郎中，拜中散大夫。

（長樂亭主，魏武杜夫人之曾孫女，而何晏婦，杜夫人之女金鄉公主。）

正始十年　阮籍四十歲，爲太傅司馬懿從事中郎。

嵇康二十七歲，疑是年後不復再爲官矣。

此數人實已包含七賢中之最關重要諸家，如阮籍、山濤、嵇康，並于正始年間而始入仕。其進退，亦已顯示其人未來之政治立場——或出或處。又阮籍、嵇康之思想變化，當亦與正始居京師之數年中具極密切之關係。吾人於此，不欲作更多之討論，唯提出是項事實，供以後數章專題研究之主要參考。

（三）七賢之出處

七賢既生于此一時代中，當不能離時代而獨立。而魏晉之政爭，爲此一時代中之最要大事，牽涉至廣，七賢處乎其中，自有所歸屬。然以認識、態度之互異，出處亦自不同，約之，可分爲四類：

其一，親魏，反晉，見之於夙日言論行事者，如嵇康者是。

山濤將去選部，議以自代，康乃書與絕交。康非不願爲官也，既婚于魏室，以長樂亭主壻，自郎中，拜中散大夫，可資爲證。唯以司馬氏專擅，因退在野，世說棲逸篇注引康別傳曰：

> 山巨源之舉康，康辭之，並與山絕，豈不識山之不以一官遇己情邪？亦欲標不屈之節，以杜舉者之口耳。

正以康標不屈之節，用杜舉者之口，因自說不堪流俗。而非薄湯武，所以譏司馬昭也。遂因呂安事，牽連下獄，終罹死罪者，鍾會之力也，同書雅量篇注引文士傳曰：

> 呂安罹事，康詣獄以明之，鍾會廷論康曰：「今皇道開明，四海風靡，邊鄙無詭隨之民，街巷無異口之義。而康上不臣天子，下不事王侯，輕時傲世，不爲物用。無益於今，有敗於俗。昔太公誅華士，孔子誅少正卯，以其負才亂羣惑衆也。今不誅康，無以清絜王道。」於是錄康閉獄。

鍾會之議，最能顯明康所作爲，實大不利於司馬氏之欲奪天下也。又魏志本傳注引干寶、孫盛、習鑿齒諸書說，云「正元二年，司馬文王反自樂嘉，殺嵇康、呂安」，裴氏破之，以爲此「蓋緣世語云，康欲舉兵應毋丘儉，故謂破儉便應殺康也」。按是說之非自不待言，然所以此諸家皆信從之者，豈叔夜之反司馬氏非徒口說，而又見諸於行事邪？世說雅量篇注引王隱晉書曰：

康之下獄，太學生數千人請之。于時豪俊，皆隨康入獄，悉解喩，一時散遣。康竟與安同誅。

正足以證康之負才亂羣惑衆，乃因安事而遂以翦除。

其二，反魏，而佯示不得已而親晉者，如阮籍者是。

魏志王粲傳注引魏氏春秋曰：「（籍）後爲尙書郎，曹爽參軍，以疾歸田里，歲餘，爽誅。」籍之爲尙書郎，或在正始九年以前，然自郎署轉曹爽參軍，必在九年，由王戎十五歲見籍于郎舍可知。又歲餘，爽誅，是知籍之轉曹爽參軍爲期甚暫，而卽轉田里，時當爽執政高峯。爽、晏旣以敗亡，司馬氏遂代之以起，同書又曰：

爽誅，太傅及大將軍乃以爲從事中郎。後朝論以其名高，欲顯崇之，籍以世多故，祿仕而已。

據漢志，太傅從事中郎，職參謀議，大將軍從事中郎同。嗣宗之居此職位，當非司馬氏以其名高，令在左右，以示籠絡，而眞參謀議也，以晉書本傳曰：

高貴鄕公卽位，封關內侯，徙散騎常侍。

而魏志高貴鄉公紀曰：

正元元年冬十月甲辰，命有司論廢立定策之功，封爵、增邑、進位、班賜各有差。籍旣封爵進位，是有廢立定策之大功也。文集引其首陽山賦序可證與時籍正在大將軍府。其後，籍復因一時之興來，請爲東平太守，又請爲步兵校尉，純以祿仕爲游戲，司馬氏愛之，而任其所欲，特以籍「至愼」故。世說德行篇注引李康家誡引文王之說云：

天下之至愼，其唯阮嗣宗乎！每與之言，言及玄遠，而未嘗評論時事，臧否人物，可謂至愼乎？

時事者，當時之政事也；而當時之政事，卽指魏晉勢力消力消長之機，如廢置之等事也。嗣宗親預其事，而「口不論事」，此豈非至愼哉！嗣宗之僞，亦可謂至矣。

其三，反魏，親晉，而見之於行事者，如山濤者是。

濤與司馬懿之張夫人爲中表親，其第二次入仕，卽因此項婚姻。舉秀才，除郎中，轉驃騎將軍王昶從事中郎，久之，拜趙國相，遷尙書吏部郎，是其初不甚得意也。至其騰達，實與濤之顯示能忠勤晉室而反魏有關。唐修晉書本傳曰：

遷大將軍從事中郎。鍾會作亂於蜀，而文帝將西征，時魏氏諸王公並在鄴，帝謂濤曰：

「西偏，吾自了之，後事深以委卿。」以本官行軍司馬，給親兵五百人，鎮鄴。

又曰：

及武帝受禪，以濤守大鴻臚，護送陳留王詣鄴。

又曰：

出爲冀州刺史，……轉北中郎將，督鄴城守事。

鄴，魏氏五都之一，而始建國之地也。魏雖亡，故國王公，孤臣遺民，猶多處此，然則晉之所以命濤者，亦猶管蔡之所以監殷也。晉室之重濤用濤，豈不以此乎！而其晚歲讓司徒表曰：

臣事天朝三十餘年。

時晉方立國十八年，而濤敢曰「三十餘年」者，亦可證其固早已歸心晉室也。

其四，仕晉，特以機緣遇合，或生時太晚，而非有意親之者，如阮咸、劉伶、向秀、王戎者是。

世說任誕篇注引竹林七賢論曰：

（阮咸）自魏末沉淪閭巷，逮晉咸寧中，始登王途。

是咸於魏末非不願爲官，但以淸議而致沉淪；非有魏晉之分也，能仕卽仕。

唐修晉書劉伶傳曰：

爲建威參軍。泰始初對策，盛言无爲之化，時輩皆以高第得調，伶獨以无用罷。

伶之爲建威參軍，以王戎故，而時在泰始後。由其對策，盛言无爲之化，知其對族姓仕祿初不斤斤較量，亦抱能仕卽仕之態度。

世說言語篇注引向秀別傳曰：

後（嵇）康被誅，秀遂失圖，乃應歲擧到京師，詣大將軍司馬文王。文王問曰：「聞君有箕山之志，何能自屈？」秀曰：「常謂彼人不達堯意，本非所慕也。」

按秀進止無固必，然富貴實其所欲，此意見之於難嵇康養生論中。唐修晉書本傳言其「在朝不任職，容迹而已」，亦可見其所用以處世者也。

至于王戎，出生最晚，雖猶能上交嵇阮，而仕於晉，豐功偉績，官高爵尊，是亦無魏晉是非之念也。

然則七賢之出處，豈不多彩多姿哉！各任其性，各達其志，各成其德。初不必强他人以從己，舍己意以從他，亦當時政局之一縮影。

（四）嵇阮向思想之變迹

七賢中，唯阮籍、嵇康、向秀，於思想一塗，能有所得。雖際遇各別，而年時相接；雖成就互異，而思想變化之迹不殊。前人於此未嘗措意，今試考之，以爲當時儒玄蛻變之一例證。

世說任誕篇注引竹林七賢論曰：

諸阮前世皆儒學，善居室。唯（阮）咸一家尚道棄事，好酒而貧。

御覽卷三十一所引稍異，非「咸一家尚道棄事」，而作「籍一巷尚道業」。按籍父瑀，少受學於蔡邕，邕固奏立六經碑文於太學門外者，是瑀雖不以經學名家，信爲儒學者也，此自爲當時之一般通象。咸一家之尚道業，事屬後起，非不可能。而籍之尚道業，亦爲後來之事，以籍詠懷詩有云：

昔年十四五，志尚好詩書，被褐懷珠玉，顏閔相與期。

此明籍十四五以前，猶尚儒學，時爲魏文帝黃初四五年。雖魏武貴刑名，魏文慕通達，世風將變而未變，故籍仍以顏閔相與期。而其通易論，用費氏，依鄭、王，是籍於正始間，猶能篤守經學家法而不墜也。

其後，籍乃旁通老氏，此由其通老論可知，御覽一引之曰：

> 道者，法自然而爲化。侯王能守之，萬物將自化。易謂之太極，春秋謂之元，老子謂之道。

籍通易論所言，莫非經學粹言，不及於老、莊。而此通老論，則以老子之謂道，與乎春秋之元，易之太極爲比，用儒入道，則時較晚近可知。然猶有調和之意，未有高下於其間也。

而終則達莊，其論有曰：

> 彼六經者，分處之教也；莊周之云，致意之辭也。

其以分處之教稱六經，致意之辭歸莊周，顯有所褒貶矣。由篇中多譏儒者而美莊旨，可爲旁證。論雖不及老氏，然自調和儒老，迄譏儒崇莊，其時序先後蓋亦可見也。

復考嵇康，魏志王粲傳注引嵇喜爲康傳曰：

> 家世儒學。

又曰：

> 長而好老莊之業，恬靜無欲，性好服食，常採御上藥。

家世儒學，固當時之一般現象，阮籍如是，荀粲亦如是。及思想丕變，一轉而爲好老莊，厥在既長，其幽憤詩云：

爰及冠帶，憑寵自放，抗心希古，任其所尚，託好老莊，賤物貴身，志在守樸，養素全眞。

今按康既冠之年，在正始五年，其好老莊，自在其時前後，是亦與嗣宗思想轉變之時間相闇合也。

又如向秀，其既注莊，復注周易，似與前人顚倒。然秀之與嵇康、呂安，年時接近，而共遊在正始以後，辭官鍛鐵之時。莊注之經營，自亦與阮籍、嵇康轉好老莊之時相當。而世說言語篇注引秀別傳固曰：

弱冠著儒道論，棄而不錄，好事者或存之。

或云：是其族人所作。困於不行，乃告秀，欲假其名，笑曰：「何復爾耳！」

秀之撰儒道論，自屬可能。卽如後說，設秀眞棄儒向道，則族人安得告而欲假其名，是平夙必有以示人兼綜儒道者矣！是秀之好儒，於其較早之時卽已然也。

綜此，則正始以前。多以崇儒；正始前後，或以平叔、輔嗣之故，漸以近老；而莊學之興，則正始以後事也。

（五）嵇阮向思想之差異

阮籍、嵇康、向秀同循由儒而道之變化之迹，然其精神固已不同，此需一實質之說明，並於可能範圍內，作適切之比較。

阮籍，有通易、通老、達莊三論，是其於易、老、莊雖皆有所涉足，然各成單元，各求其通。此謂通也、達也者，不過裁削字句，騁辭潤意，求其文之可誦，其說之可通，雖亦謀於儒道間尋其異同，初未能貫穿三書，而有所發明也。

而嵇康則頗有異，其養生論、聲無哀樂論、釋私論、明膽論、又答向秀難養生論、難張遼叔自然好學論、宅無吉凶攝生論、並答張遼叔釋難宅無吉凶攝生論，或創義以立說，或難問以抒見，混融儒道，組織論體，文心雕龍論說篇云：

迄至正始，務欲守文，何晏之徒，始盛玄論，於是聃周當路，與尼父爭塗矣。

雖何晏之徒，始盛玄論，而玄論實至康而完密嚴謹，格局可觀，非如籍之鬆弛，而但爲文論者也。

又若向秀，雖亦嘗難康養生，然世說文學篇注引秀別傳曰：

秀與嵇康、呂安爲友，趣舍不同，……秀雅好讀書，二子頗以此嗤之。後秀將注莊子，先以告康、安，康、安咸曰：「書詎復須注！徒棄人作樂事耳。」及成，以示二子。……復注周易，大義可觀，而與漢世諸儒互有彼此，未若隱莊之絕倫也。

秀之莊注、易注，早已亡佚，然散見於諸書者猶多。其注莊之妙析奇致（世說語），其注易之大義可觀，亦如嗣宗之論，各得其情，而不使混融。然其言莊，固非嗣宗之粗舉莊旨者可比；其解易，頗採荀爽、虞翻、王肅之說，亦與嗣宗踪迹康成、輔嗣者頗異其趣也。

秀別傳以秀雅好讀書而注莊，康、安則以書詎復須注，徒棄人作樂事爲說。以此觀之：是康重得意，而秀主求解。得意，意自得之爲是；求解，解他意之本如。故康聲無哀樂論曰：

夫推類辨物，當先求之自然之理，理已足，然後借古書以明之耳。今未得之於心，而多恃前言以爲談證，自此以往，恐巧厤不能紀耳。

又答難養生論曰：

夫至理誠微，善溺於世，然或可求諸身而後悟，校外理以知之。

康之所重，曰自然之理，然此理在我，我具足此理而不必外求，故文心雕龍才略篇謂康「師心以遣論」，雖好言理，實以「意」爲心。反之，秀雖不以理自名，實主「理」而不用「意」，其難康養生論曰：

導養得理，以盡性命，上獲千餘歲，下可數百年，未盡善也。若信可然，當有得者，此人何在？目未之見，此殆影響之論，可言而不可得。

秀譏康所說，但影響之論，可言而不可得。以爲自然者，非出於我心之本然，乃事理之實然，天理之自然也。以爲「有生則有情，稱情則自然」，如康之養生，但「背情失性，而不本天理」，將孰云可？

然則嗣宗以文、叔夜以意、子期以理，用此立論，用此立說，用此處事，用此處人，雖趨向不異，精神固自不同矣！

（六）七賢與魏時談風之關係

「清談」一詞，今人皆知所以指魏晉之談玄也。然六朝以前，實寡此義。余於魏晉南北朝的談風一文中嘗加考證：明「清談」之本義，與「清議」不殊。唐長孺氏於清談與清議亦曾指出：清談出現于玄學未興，莊老之學尚未爲人所重之先。清談者，雅談也，即指具體之人物批評，而清談通於清議，與虛玄之談無關。雖於南朝，猶有用清談爲清議者。清談自清議之互稱，轉變爲玄談，實卽爲玄學形成之過程，而此至晉固已予完成。唐氏之說大體可信，爲避免意義之混淆，兼說明淸談之實貌，吾人仍採用「談風」之名，以見其不過一時之風氣也。

談風之最早記載，見之于魏志荀彧傳注引何劭荀粲別傳曰：

太和初（西紀二二七年——），到京邑，與傅嘏談。嘏善名理，而粲尙玄遠，宗致雖同，倉卒時，或有格而不相得意，裴徽通彼我之懷，爲二家釋。頃之，粲與嘏善。

今按粲之來京師，旣有嘏與之談，復有裴徽爲之解，是已具後日談之格局矣。而談風亦當早行於太和之先，自可斷言。別傳又曰：

粲諸兄並以儒術論議，而粲獨好言道。常以爲子貢稱夫子之言性與天道不可得而聞，然則六籍雖存，固聖人之糠粃。粲兄俁難曰：「易亦云：聖人立象以盡意，繫辭焉以盡言，則微言胡爲不可得而聞見哉？」粲答曰：「蓋理之微者，非物象之所擧也。今稱立象以盡意，此非通于意外者也；繫辭焉以盡言，此非言乎繫表者也。斯則象外之意，繫表之言，固蘊而不出矣。」及當時能言者不能屈也。

粲好言道，而務求象外之意，繫表之言，此實後日談風之精神所在。至傅嘏，此云善名理，文心雕龍論說篇亦云：

魏之初霸，術兼名法，傅嘏王粲，校練名理。

兩者相較，荀粲由儒而道，以道入儒；而傅嘏等以名理鳴者，則自名法轉出。自名法出，故重名實，魏志嘏傳曰：

嘏常論才性同異，鍾會集而論之。

注引傅子曰：

嘏既達治好正，而有清理識要，好論才性，原本精微，尠得及之。司隸校尉鍾會年甚少，嘏以明智交會。

又鍾會傳稱會：

有才數，精練名理。……會嘗論易無互體、才性同異。

而世說文學篇亦云：

鍾會撰四本論。

劉孝標注曰：

四本者：言才性同、才性異、才性合、才性離也。尚書傅嘏論同、中書令李豐論異、侍郎鍾會論合、屯騎校尉王廣論離。

從前引諸條，吾人雖不能確定言才性同異者必爲名理家，然其間似有某種關聯。而鍾會之撰四本，本諸家之論。卽此數家本但爲談說立論，會因而紀錄整理成篇也。時當在正始之後，雖何、王並歿，猶未能震鑠人心，蓋以正始之光芒，何、王之成就，初非鍾會輩所能代之耳。

正始年間（西紀二四〇—二四九年），何晏爲吏部尚書，權勢最盛，以其倡導，而談論大行，世說文學篇云：

何晏爲吏部尙書，有位望，時談客盈坐。

注引文章敍錄曰：

晏能清言，而當時權勢，天下談士，多宗尙之。

此非虛語，有實證。若裴徽，太和初爲荀粲、傅嘏釋爭者，今爲冀州刺史，魏志管輅傳注引輅別傳，稱徽「才理清明，能釋玄虛，每論易及老莊之道，未嘗不注精於嚴瞿之徒」，其言曰：

雖在大州，未見異才，可用釋人鬱悶者，思還京師，得共論道耳。

其所指可得而論道者，卽何晏，以爲：

何尙書神明精微，言皆巧妙，巧妙之志，殆破秋毫。

徽之重晏如此，今旣以輅爲可教，故擧爲秀才，使入京師，得共晏相談，而冀有所進也。同時又有王弼，世說文學篇注引弼別傳曰：

弼字輔嗣，山陽高平人，少而察惠，十餘歲便好莊老，通辯能言，爲傅嘏所知。

魏志本傳注引何劭王弼傳亦謂：

弼天才卓出，當其所得，莫能奪也。

弼好莊老，通辯能言，其來歸於何晏，亦在正始之時，世說文學篇云：

何晏爲吏部尚書，有位望。時談客盈坐，王弼未弱冠，往見之。晏聞弼名，因條向者勝理語弼曰：「此理，僕以爲極可，得復難不？」弼便作難，一坐人便以爲屈。於是，弼自爲客主數番，皆一坐所不及。

弼來見時，當已有能談之名，故曰晏聞弼名云云也。別傳引晏所以稱弼者曰：

若斯人者，可與言天人之際矣！

此云「天人之際」，即所以爲道，世說文學篇注引魏氏春秋曰：

弼論道約美不如晏，自然出拔過之。

又魏志本傳注引何劭王弼傳亦曰：

其論道，附會文辭不如何晏，自然有所拔得多晏也。

而此云「論道」，卽前引裴徽所謂「思還京師，得共論道」之「論道」，亦卽「與言天人之學」也。

當時所談課題，可得而考知者，曰易，魏志管輅傳注引輅別傳曰：

擧爲秀才，輅辭裴使君，使君言：「……何尙書……自言不解易九事，必當以相問。……」……輅爲何晏所請，果共論易九事，九事皆明。

曰聖人有情无情，同書王弼傳注引何劭弼傳曰：

何晏以爲聖人无喜怒哀樂，其論甚精，鍾會等述之。弼與不同，以爲聖人茂於人者，神明也；同於人者，五情也。神明茂，故能體冲和以通无；五情同，故不能无哀樂以應物。然則聖人之情應物而无累於物者也，今以其无累，便謂不復應物，失之多矣！

是兩條雖不過爲當時千百談論課題之極少一部分之得以存留於今者，然亦可見其所論，爲自荀粲以來之談家主要意念，卽研討夫子所不言之性與天道。而性與天道，不僅爲何晏以下之淸言家，傅嘏以下之名理家所認爲主要課題，卽當時他州郡談風所及之地所論者，亦莫非此，如魏志管輅傳注引輅別傳曰：

鮑子春爲列人令，有明思才理。與輅相見，輅論爻象之旨，說變化之義，若規圓矩方，無不合也。輅言：「若非性與天道，何由背爻象而任胷心者乎！」

吾人於此，當可明一事：卽其時談風所屆，不止京師一地。而足爲談論代表者，莫不騁辭設論，應機說理，而談、理並得，有如何晏、王弼者是。若但說而無才理，斯爲下矣，猶有談名，有如丁謐、鄧颺者是。若但筆之於書，論理成文而不談說，若阮籍、嵇康、向秀，將何足名爲談家？何足以代表魏時之與於談風之羣士？於此，更有一證，世說文學篇注引王隱晉書曰：

衞瓘有名理，及與何晏、鄧颺等數共談講。

又引晉陽秋曰：

尙書令衞瓘見（樂）廣曰：「昔何平叔諸人沒，常謂淸言盡矣，今復聞之於君。」

按衞瓘與淸言、名理兩家俱有淵源可言，然云何平叔諸人沒，淸言卽以盡，若嵇康等是談中人，瓘必不如此說也。

或曰：嵇康輩非不能談也，或以派異系別，而不屑與談邪？且康論聲無哀樂，爲渡江以後三論之一；王僧虔宋世誡子書且以爲言家口實。以此觀之，康輩非不能談也。

曰：是不然。若派異系別，當不離於政治之外。康、秀等誠與鍾會不合；然其人之入仕，概在於正始之朝。康且與晏具戚屬關係，並以長樂亭主壻，選任中散，益以風姿挺拔，若稍能談，其得名也易。而今則無有，何哉？嵇康之與向秀，情不為不厚，交不為不繁，其論養生，何不面而發諸口，必筆之於書而後可邪？若云其為後世言家口實，則證其在生時亦為言家，亦猶諸云後世既以易、老、莊為三玄，則三書作者在生時亦必為玄談家，寧有是理？

雖然，於正始朝能得享談之名者，蓋亦難矣！世說德行篇引王戎云：太保（王祥）居在正始中，不在能言之流，及與之言，理中清遠，將無以德掩其言。德、言純為兩事，而互不忤犯，濬沖之說過矣！然由是言，不僅可證談非易事，且可證戎亦非其類也。

（七）七賢於劉宋玄學中所占之地位

談論為主客更番答難以求勝義之行為，玄學則因談論所據所爭者而予以理論上之探討。故談風雖早興於魏時，玄學必待諸劉宋而後立。然玄學之立雖五十年，言其事者却未之聞也，不得不假同時而相終始之王僧虔，而為之說云，以南齊書卷三三僧虔傳引其宋世誡子書曰：

往年有意於史，取三國志，聚置床頭百日許，復徙業就玄，自當小差於史，猶未近彷彿。曼倩有云：「談何容易！」見諸玄，志為之逸，腸為之抽，專一書，轉通數十家注，自少至老，手不釋卷，尙未敢輕言。

玄者，道也，太玄十太玄圖以之爲「天道也，地道也，人道也」。而玄學未興之初，固已有玄之名、此玄卽指天人之際而言之矣。玄學則不過專門以究玄之「學校」，本未有如今人所謂專門以究玄之「學」者。「專一書，轉通數十家注」，是玄固非能輕易言之者，然以其內涵之豐實，且具興味，乃能習染成風耳。

汝開老子卷頭五尺許，未知輔嗣何所道，平叔何所說，馬、鄭何所異，指例何所明，而便盛於麈尾，自呼談士，此最險事。設令袁令命汝言易，謝中書挑汝言莊，張吳興叩汝言老，端可復言未嘗看邪？談固如射，前人得破，後人應解，不解卽輸賭矣！

「談固如射，前人得破，後人應解，不解卽輸賭矣」，此玄之所以立學也。蓋時上承二百年談論之風，雖或有冒呼談士，有識者所不取也。

且論注百氏，荊州八袠，又才性四本，聲無哀樂，皆言家口實，如客至之有設也。汝皆未經拂耳瞥目，豈有庖廚不脩，而欲言大賓者哉？

就如張衡思侔造化，郭象言類懸河，不自勞苦，何由至此！汝未嘗窺其題目，未辨其指歸，六十四卦未知何名，莊子衆篇何者內外，八袠所載凡有幾家，四本之稱以何爲長，而終日欺人，人亦不受汝欺也。

當時風氣所至，羣以談士爲高，究其實，則欺人者多，且有不知六十四卦名、莊子內外之分者，然此特其病象，不足爲玄及談論病。玄之內涵如斯，玄學所探討者，由王書亦可稍窺其大凡矣！

王書所說，玄之內涵，可類之爲七：

一曰老：既云「汝開老子卷頭五尺許，未知輔嗣何所道，平叔何所說，馬、鄭何所異，指例何所明……」，是輔嗣以下，皆當指其解老而言，卽馬、鄭亦自不異。王書唯於老氏標出其所重，以下易、莊可據以推之。

二曰易。

三曰莊。

四曰論注百氏：論注合稱，爲魏晉以後之現象，文心雕龍論說篇云：

論也者，彌綸羣言，而研精一理者也。……若夫注釋爲詞，解散論體，雜文雖異，總會是同。

以此觀之，論注本自不異，特其所以表現之塗徑不同耳。賀昌羣氏論魏晉思想之所以異於往時，在諸子學之重興，亦可見當時之歸趨。

五曰荊州八袠，此已不可考。然旣云「八袠凡有幾家」，則「八袠」者當另有說，似亦與漢季荊州學派之但從事經學之新解者有關。

六曰才性四本。

七曰聲無哀樂。

若此七類，不可謂全，然固已盡其要矣。

再返視七賢，雖與正始之談風似無確切之關係，地位可言，而於晉宋之談論、玄學則至具貢獻。若前引玄之七類，亦卽玄學所硏討之可能內容，除與才性四本無關外，他皆有所得。非且有所得，更爲魏晉莊學之建立者，聲無哀樂論之始造者。今試分條敍述之：

壹、於老氏，籍有通老論，御覽引其殘文，云易之太極、春秋之元，卽老子所謂之道，是籍初有調和儒老之意也。又有道德論，見世說文學篇注引晉諸公贊。

貳、於易，籍有通易論，沿鄭、王費易之說，明无悶保身之道。

叄、於莊，則自先漢以來，用功者少，而諸子中，莊學獨晦。司馬談之論六家要指，但明道德，而不及莊，可爲一證也。漢獻帝時，仲長統以爲凡遊帝王者，欲以立身揚名耳；而名不常存，人生易滅，優遊偃仰，可以自娛，欲卜居淸曠，以樂其志，論之曰：

安神閨房，思老氏之玄虛；呼吸精和，求至人之彷彿。與達者數子論道講書，俯仰二儀，錯綜人物，彈南風之雅操，發清商之妙曲，消搖一世之上，睥睨天地之間，不受當時之責，永保性命之期。如是，則可以陵霄漢，出宇宙之外矣。（後漢書卷七十九仲長統傳）

統固好學博涉書記者，雖用莊以抒意，未成專門之作。其後二十年，平叔、輔嗣開一代之玄風，然其所說，惟及老、易，而無有論莊者。魚筌之喻，非可包全，特偶一見之耳。然則籍之達莊，當爲最早論莊專門之作矣！試觀其論：

平晝閒居，隱几而彈琴。於是，縉紳好事之徒相與聞之，共議撰辭合句，啓所常疑。乃闚鑒整飭，嚼齒先引，推年躡踵，相隨俱進，奕奕然步，牖牖然視，投跡蹈階，趨而翔至，差肩而坐，恭袖而檢，猶豫相臨，莫肯先占。有一人，是其中雄桀也，乃怒目擊勢而大言曰：「吾生乎唐虞之後，長乎文武之裔，遊乎成康之隆，盛乎今者之世，誦乎六經之教，習乎吾儒之迹，被裒衣，冠飛翮，垂曲裙，揚雙鴟有日矣。而未聞乎至道之要，有以異之於斯乎！且大人稱之，細人承之，願聞至教，以發其疑。」先生曰：「何哉子之所疑者？」客曰：「天道貴生，地道貴貞，聖人修之，以建其名。吉凶有分，是非有經，務利高勢，惡死重生，故天下安而大功成也。今莊周乃齊禍福而一死生，以天地爲一物，以萬類為一指。無乃激惑以失眞，而自以爲誠是也？」

今所以詳引之者，但以明莊說初出，所召致之責難鋒起。設莊旨早經流通，當不如此也。又曰：

彼六經之言，分處之教也；莊周之云，致意之辭也。

嗣宗倡莊旨，譏儒者，非詘六經而進莊周，實欲明其用互異。雖有調和意，而自有高下於其間。嗣宗之外，叔夜亦好莊。然其所好，但求得意而自樂其中，與子期不同，世說文學篇注引向秀別傳曰：

秀將注莊子，先以告（嵇）康、（呂）安，康、安咸曰：「書詎復須注，徒棄人作樂事耳！」及成，以示二子，康曰：「爾故復勝不？」安乃驚曰：「莊周不死矣！」

今按子期之注莊，爲莊學史上一大事。不以其爲注莊之第一人，以自有多家注先彼而存矣。實以其隱莊之絕倫，妙析奇致，而大暢玄風故，世說文學篇云：

初，注莊子者數十家，莫能究其旨要。向秀於舊注外爲解義，妙析奇致，大暢玄風。

注引秀別傳曰：

秀本傳或言「秀遊託數賢，蕭屑卒歲，都無注述，唯好莊子，聊隱崔譔所注，以備遺忘」云。

據世說言，初注莊子者，得數十家，皆莫能究其旨要，豈臨川生死，猶得見之；抑得諸史書之記載；或故老傳聞，而知其大要終始邪？又本傳所說之「崔譔」，經典釋文序錄以其爲「晉議郎」，置向秀前；而隋志則以之爲「東晉議郎」，置向秀後。今既不可考何者爲眞，唯用「舊注」以明秀注固有所本也。而世說既云「秀於舊注外爲解義」，本傳亦言「聊隱崔譔所注」，是秀之所撰，但如後世之箋疏，所以發明注義；復以先代疏本單行，舊注既亡，不復明所據；且所隱亦自莊義，遂因以承莊邪！注復引竹林七賢論曰：

秀爲此義，讀之者無不超然，若已出塵埃而窺絕冥，始了視聽之表，有神德玄哲，能遺天下，外萬物，雖復使動競之人，顧觀所徇，皆悵然自有振拔之情矣。

秀爲莊義，爲時賢所重若是，當有可觀者焉。然而竟遭亡佚，雖殘篇斷簡，因他書而得存，終非全豹，遂有世說郭象竊秀注之傳說。今考向、郭注莊，文辭相近，根本處實相差異，然郭注固本向注而變化之者。是則莊學之立，由阮、向；莊學之得與老、易並立，亦由阮、向，阮、向之功豈可沒哉！

肆、聲無哀樂論，嵇康始立此義。世說文學篇曰：

舊云：「王丞相過江左，止道聲無哀樂、養生、言盡意三理而已，然宛轉關生，無所不入。」

劉孝標注此三理，引昔人之論曰：

嵇康聲無哀樂論略曰：「夫殊方異俗，歌哭不同，使錯而用之，或聞哭而懽，或聽歌而戚，然哀樂之情均也。今用均同之情，發萬殊之聲，斯非音聲之無常乎？」

嵇叔夜養生論曰：「凡蝨著頭而黑，麝食柏而香，頸處險而癭，齒居晉而黃，豈唯蒸之使重無使輕，芬之使香勿使延哉？誠能蒸以靈芝，潤以醴泉，無為自得，體妙心玄，庶與羨門比壽，王喬爭年，何為不可養身哉？」

歐陽堅石言盡意論略曰：「夫理得於心，非言不暢；物定於彼，非名不辨。名逐物而遷，言因理而變，不得相與為二矣，苟無其二，言無不盡矣。」

按此三理，雖為「舊云」，然自能宛轉關生，無所不入。所以如此者，不以其理之本身，而在所以形成此理之理。孝標以聲無哀樂、養生歸於康者，正以康之首倡。而此二論，於晉渡江前後，固已為談之重要論題。宋時王僧虔所以獨以聲無哀樂論為言家口實，如客至之有設，而不及養生者，或以時序變易，而所重亦異。此外，籍有樂論，明樂能化俗之理。秀有難養生論，主節哀樂，和喜怒，適飲食，調寒暑，而非其絕五穀，去滋味、寡情欲，抑富貴之論。康更有答難養生論。而養生之說盡於此矣。（道藏引葛洪養生論，其出較晚近，可不論。）

伍、康又有釋私、難宅無吉凶攝生、答釋難宅無吉凶攝生、難自然好學、明膽等論，皆立論謹嚴，法度可觀，或亦究玄者所當一嘗寓目者歟！

（八）阮嵇之文學

彥和雕龍，以楚漢之文侈而艷，魏晉淺而綺（通變篇語），所以明其變也。又時序篇云：

自獻帝播遷，文學轉蓬。建安之末，區宇方輯，魏武以相王之尊，雅愛詩章；文帝以副君之重，妙善辭賦；陳思以公子之豪，下筆琳瑯，並體貌英逸，故俊才雲蒸：仲宣委質於漢南；孔璋歸命於河北；偉長從宦於青土；公幹徇質於海隅；德璉綜其斐然之思；元瑜展其翩翩之樂，文蔚、休伯之儔，子叔、德祖之侶，傲雅觴豆之前，雍容衽席之上，灑筆以成酣歌，和墨以藉談笑，觀其時文，雅好慷慨。良由世積亂離，風衰俗怨，並志深而筆長，故梗概而多氣也。

至明帝纂戎，制詩度曲，徵篇章之士，置崇文之觀，何、劉羣才，迭相照耀。少主相仍，唯高貴英雅，顧盼合章，動言成論。於時正始餘風，篇體輕澹，而嵇、阮應繆，並馳文路矣。

其言文學之轉蓬，實肇始於建安，而完成於正始。以後者時逢久安之餘，不復遭遇亂離，「志深而筆長，梗概而多氣」，亦一易以輕澹，而嵇、阮正沐其餘風也。（劉申叔氏中古文學史，以「彥和此論，蓋兼王、何諸家之文言，故言篇體輕澹，其兼及嵇、阮者，以嵇、阮同爲當時文士，非以輕澹目嵇、阮之文也」，實未得其解。正始輕澹，固指王、何諸家之文言，此則置嵇、阮於論說高貴之後，復曰正始「餘」風，可見彥和之意所在。）

然嵇、阮雖同沐輕澹之餘風，亦自有異。魏志王粲傳所以云籍者，曰「才藻豔逸」，而復謂康「文辭莊麗」。豔逸，故籍雖上承楚漢，而頗變以逸；莊麗，則下開魏晉，然猶崇以莊。此固才稟所使然，而文心雕龍體性篇所謂「嗣宗俶儻，故響逸而調遠；叔夜儁俠，故興高而采烈」者也。劉永濟氏校釋文心雕龍，於時序篇發明嵇、阮之異同，並其塗徑歸趣曰：

嵇志清峻，而辭復莊麗，足矯正始之頹風；阮旨遙際，而文亦豔逸，實接建安之芳軌。然嵇變正始之頹風，猶具建安之健骨；阮接建安之芳軌，欲沿正始之流波。一用逆挽，一爲沿變。

卽因嵇、阮才稟之互異，成就正自不同。魏志王粲傳注引魏氏春秋曰：

康所著諸文論，六七萬言，皆爲世所玩詠。

今按康所著論而見於本集者，有養生論、答向子期難養生論、無私論、管蔡論、明膽論、難宅無吉凶攝生論、答張遼叔難宅無吉凶攝生論、難張遼叔自然好學論、聲無哀樂論等九篇，除管蔡論外，皆所謂玄論者也，御覽引李充翰林論曰：

研求名理，而論生焉。論貴於允理，不求支離，若嵇康之論成文矣。

論之一體，及玄風既扇，而始告嚴密，文心雕龍論說篇云：「論也者，彌綸羣言，而研精一理者也。」又曰：「原夫論之爲體，所以辨正然否，窮于有數，追于無形，迹堅求通，鈎深取極，乃百慮之筌蹄，萬事之權衡也。故其義貴圓通，辭忌枝碎，必使心與理合，彌縫不見其隙；辭共心密，敵人不知所乘，斯其要也。」康所撰論，皆能允理而不支離，辭密而不見其隙，斯玄論最上之作也。籍則不然，雖文選五君詠注引臧榮緒晉書曰：

籍善屬文論，初不苦思，率爾便成。

率爾便成，籍才思之敏捷，固得自元瑜也。然就本集所載之通老、通易、達莊、及樂論等四論觀之，文采風流，豔則豔矣，病在其「逸」，逸則不密。雖然籍才不長於理論，固有造於他體，若東平、首陽山、鳩、獼猴、清思、亢父諸賦，若大人先生傳，若爲鄭沖勸晉王牋，若詣蔣公奏記，若答伏羲書，莫不語重意奇，頗事華采（劉申叔語），眞豔而逸者也。

他若劉伶酒德頌，向秀難養生論，一以文而一以理，或夙日所交往而有以影響之邪？

七賢之事，可論者多，綴緝之餘，或有遺落，然用此亦足以知其人矣。

附錄　竹林七賢年譜

凡例：

一　軍國大事，則繫之。

一　政局實有關於七賢者，則繫之。

一　事有引發七賢者，則人繫事下；反之，事從之。

一　七賢生平事蹟有確年可考者，則繫之。

一　七賢著述可以考見年時者，並錄其全文以繫之。

一　七賢生卒無可考者，則因人，因事以繫之。

一　當時學術思想，有助于了解七賢者，則繫之。

一　某年或無紀事，亦存而標識七賢年歲，以示七賢生平之眞相。

一　事有考據、說明者，並低正文兩格；正文又低紀年一格。

一　年下繫以西曆起迄時日，並從陳援菴先生二十史朔閏表。

漢獻帝建安十年，乙酉。西曆二〇五年二月七日至西曆二〇六年一月二六日

正月，曹操定冀州，河北皆平。

按時雖漢室，政歸曹家，操位司空，挾天子以自重，百官總己以聽，方內平亂事，而外蕩羣雄也。

阮瑀被辟爲司空軍謀祭酒、管記室。

魏志王粲傳云：「瑀少受學於蔡邕。……太祖並以（陳）琳、瑀爲司空軍謀祭酒、管記室。軍國書檄，多琳、瑀所作也。」

八月，侍中荀悅撰申鑒成，奏上之。

申鑒所以明政治之得失。以爲道之本，仁義而已，五典以經之，羣籍以緯之。故爲儒家之言。

山巨源濤生。

世說政事篇注引虞預晉書云：「濤字巨源，河內懷人。祖本郡孝廉，父曜宛句令，濤早孤而貧。」

宛句在兗州濟陰，其父曜遠出游宦，不過一令，祖孝廉，此宣帝戲言所謂之小族也。

建安十一年，丙戌。西曆二〇六年一月二七日至西曆二〇七年二月十四日

山濤二歲。

建安十二年，丁亥。西曆二〇七年二月十五日至西曆二〇八年二月三日

劉備見諸葛亮於襄陽隆中，遂定三分天下之計。

山濤三歲。

建安十三年，戊子。西曆二〇八年二月四日至西曆二〇九年二月二一日

六月癸巳，曹操自爲丞相。

八月壬子，操殺太中大夫孔融，夷其族。

王粲辟爲丞相掾，爵關內侯，以說荊州歸故。

魏志粲傳云：「王粲，字仲宣，山陽高平人也。以西京擾亂，乃之荊州依劉表。表卒，粲勸表子琮令歸太祖。太祖辟爲丞相掾，賜爵關內侯。」

按荊州於後日學風極具關係，湯錫予先生於王弼之周易論語新義一文中闡發最明，其說云：「漢末，中原大亂，荊州獨全。劉表爲牧，人民豐樂。表原爲八顧之一，好名愛士，天下俊傑，羣往歸依。『開立學宮，博求儒士，使綦毋闓、宋忠等撰立五經章句，謂之后

定。』（魏志六注引英雄記）劉鎮南碑（全三國文五六）稱表『改定五經章句，刪刬浮辭，芟除煩重』。其精神實反經學末流之浮華，破碎之章句，王粲卽于其時在荊州。其荊州文學記官志（藝文類聚三八）謂劉表『乃命五業從事宋衷所作文學延朋徒焉，五載之間，道化大行，耆德故老綦毋闓等，負書荷器，自遠而至者三百餘人』。蜀志李譔傳：『譔父仁與尹默俱游荊州，從司馬徽、宋衷等學，譔具傳其業，著古文易、尚書、毛詩、三禮、左氏解、太玄指歸，皆依准賈、馬，異于鄭玄，與王氏（肅）殊隔，初不見其所述，而意歸多同。』魏志，王肅『從宋衷讀太玄，而更爲之解』。則子雍之學本有得于宋仲子。子雍善賈、馬之學，而不好鄭玄，仲子之道固然也。譔、肅之學並由宋氏，故意歸多同。而其時：伊洛以東，淮漢以北，鄭氏一人而已，莫不宗焉。宋衷之學，異于鄭君；王肅之術，故許康成。王肅亦疑難鄭之尚書。則荊州之士踔跐不羈，守故之習薄，創新之意厚。劉表后定，抹殺舊作，宋、王之學，亦特立異，自係當時之風尚如此也。」

冬十月癸未朔，魏師敗於赤壁。

山濤四歲。

建安十四年，己丑。西曆二〇九年二月二日至西曆二一〇年二月十一日山濤五歲。

建安十五年，庚寅。西曆二一〇年二月十二日至西曆二一一年一月三十一日

春，曹操下求才令。

魏志武紀載其令曰：「自古受命及中興之君，曷嘗不得賢人君子，與之共治天下者乎！及其得賢也，曾不出閭巷，豈幸相遇哉？上之人不求之耳。今天下尚未定，此特求賢之急時也。孟公綽爲趙魏老則優，不可以爲滕薛大夫，若必廉士而後可用，則齊桓其何以霸世。今天下得無有被褐懷玉而釣於渭濱者乎？又得無盜嫂受金而未遇無知者乎？二三子其佐我明揚仄陋，唯才是擧，吾得而用之。」

按操用才而不求其有德，此世風所以丕變也。

山濤六歲。

阮嗣宗籍生。籍，瑀子也。

陳留尉氏阮氏譜載其世系曰：

瑀：敦子。字元瑜，漢司空軍謀祭酒、記室。

敦。

熙：瑀子。武都太守。

籍：瑀子。字嗣宗。

世說任誕篇注引竹林七賢論曰：「諸阮前世皆儒學，善居室。」以此亦可以考知其家世環境焉。

建安十六年，辛卯。西曆二一一年二月一日至西曆二一二年一月十九日

曹丕爲五官中郎將，副丞相。

後漢紀、魏志文紀並作副丞相；後漢書獻紀、魏志武紀則曰：「置官屬，爲丞相副。」文義蓋同。

曹植封平原侯。

魏志王粲傳曰：「始文帝爲五官將，及平原侯植，皆好文學。粲與北海徐幹、字偉長，廣陵陳琳、字孔璋，陳留阮瑀、字元瑜，汝南應瑒、字德璉，東平劉楨、字公幹，並見友善。幹爲司空軍謀祭酒掾屬，五官將文學。琳徙門下督。瑀爲倉曹掾屬。瑒、楨各被太祖辟爲丞相掾屬，瑒轉爲平原侯庶子，後爲五官將文學。」

又邯鄲淳傳注引魏略曰：「淳一名竺，字子叔，博學有才章，又善蒼雅蟲篆、許氏字指。

初平時，從三輔客荆州。荆州內附，太祖素聞其名，召與相見，甚敬異之，時五官將博延英儒，亦宿聞淳名，因啓淳，欲使在文學官屬中。會臨菑侯植亦求淳，太祖遣淳詣植，植初得淳，甚喜，延入坐，淳歸，對其所知歎植之材，謂之天人。而于時世子未立，太祖俄有意于植，而淳屢稱植材，由是五官將頗不悅。」

按由此類官屬嬗遞，正可以考見當時曹氏兄弟間權力之升降，與乎招納英賢，廣求名譽之一斑。

山濤七歲。

阮籍二歲。

建安十七年，壬辰。西曆二一二年二月二十日至西曆二一三年二月七日

春正月，加曹操入朝不趨，劍履上殿，贊拜不名，如蕭何故事。

山濤八歲。

阮籍三歲，父瑀卒，賴母氏以長成。

瑀時爲倉曹掾屬。

按籍三歲喪父，專賴母氏，觀乎其後籍喪母時哀毀之情，非徒發於自然，蓋亦有其必然

者也。

建安十八年，癸巳。西曆二一三年二月八日至西曆二一四年一月二八日

春正月庚寅，詔并十四州，復爲九州。

後漢紀作春二月，誤。

後漢書獻紀注引獻帝春秋曰：「時省幽、幷州，以其郡國幷於冀州。省司隸校尉及涼州，以其郡國幷爲雍州。省兗州，並荊州，益州。於是有兗、豫、青、徐、荊、揚、冀、益、雍也。」

後漢紀則頗有異同，以爲「省幽州、幷州，以其郡國並屬冀州；省司隸校尉，以其郡國分屬豫州；省梁州，以其郡國幷屬冀州」。

按袁記或有脫誤，胡身之曰：「十四州：司、豫、冀、兗、徐、青、荊、揚、益、梁、雍、幷、幽、交也。復爲九州者：割司州之河東、河內、馮翊、扶風，及幽、幷二州皆入冀州；涼州所統，悉入雍州；又以司州之京兆入焉；又以司州之弘農、河南入豫州，交州並入荊州，則省司、涼、幽、幷，而復禹貢之九州矣。此曹操自領冀州牧，欲廣其所統以制天下耳。」

夏五月丙申，以冀州十郡封曹操爲魏公，加九錫。

秋七月，魏始建社稷，宗廟。

冬十一月，魏初置尚書，侍中，六卿。

山濤九歲。

阮籍四歲。

建安十九年，甲午。（西曆二一四年一月二九日至西曆二一五年二月十六日）

冬十一月丁卯，皇后伏氏廢。

十二月乙未，敕有司取士毋廢偏短。

魏志武紀引錄其令曰：「夫有行之士，未必能進取，進取之士，未必能有行也。陳平豈篤行，蘇秦豈守信邪？而陳平定漢業，蘇秦濟弱燕。由此言之，士有偏短，庸可廢乎！有司明思此義，則士無遺滯，官無廢業矣。」

顧亭林日知錄十三譏之，以爲「孟德既有冀州，崇獎跅弛之士，觀其下令再三，至於求負汙辱之名，見笑之行，不仁不孝，而有治國之術者。於是權詐迭進，姦逆萌生」，雖世局有以使然，而後來風俗之壞，曹氏固不得辭其咎矣。

山濤十歲。

阮籍五歲。

建安二十年，乙未。西曆二一五年二月十七日至西曆二一六年二月五日

山濤十一歲。

阮籍六歲。

建安二十一年，丙申。西曆二一六年二月六日至西曆二一七年一月二四日

夏四月甲午，進魏公操爵爲王。

　魏志武紀、通鑑作五月並誤，今從後漢紀及後漢書獻紀改正。

山濤十二歲。

阮籍七歲。

建安二十二年，丁酉。西曆二一七年一月二五日至西曆二一八年二月十二日

春，王粲卒。

夏四月，詔魏王操設天子旌旗，出入稱警蹕。

冬十月，魏以五官中郎將丕爲太子。

魏大疫。

文選四二曹丕與吳質書云：「昔年疾疫，親故多離其災，徐、陳、劉、應一時俱逝，痛可言邪？昔日遊處，行則連輿，止則接席，何曾須臾相失。每至觴酌流行，絲竹並奏，酒酣耳熱，仰而賦詩。何圖數年之間，零落略盡，言之傷心。」

注引典略曰：「初，徐幹、劉楨、應瑒、阮瑀、陳琳、王粲等，與質並見友於太子，二十二年魏大疫，諸人多死。」

按孔融、王粲、徐幹、陳琳、阮瑀、應瑒、劉楨，世所目為建安七子者也，今則零落以盡，雖曹氏父子猶存，文風固為之一衰矣。

山濤十三歲。

阮籍八歲。

建安二十三年，戊戌。西曆二一八年二月十三日至西曆二一九年二月一日

山濤十四歲。

阮籍九歲。

建安二十四年，己亥。西曆二一九年二月三日至西曆二二〇年一月二一日

秋七月庚子，劉備自稱漢中王。

山濤十五歲。

阮籍十歲。

建安二十五年，庚子。西曆二二〇年二月二二日至西曆二二一年二月九日

春正月庚子，曹操卒，子丕嗣位。

三月朔，改建安二十五年爲延康元年。

陳羣建九品官人之法，置州郡中正。

冬十月乙卯，丕篡漢統，改元黃初，國號魏。

山濤十六歲。

阮籍十一歲。

魏文帝黃初二年，辛丑。西曆二二一年二月十日至西曆二二二年一月二九日

定五都。

魏志文紀注引魏略曰：「改長安、譙、許昌、鄴、洛陽爲五都。」

夏四月丙午，漢中王劉備卽皇帝位。

八月丁巳，孫權受魏封為吳王，天下三分之局遂定。

山濤十七歲，雖居鄉里間，而名聲稍聞於外。

世說政事篇注引虞預晉書曰：「年十七，宗人謂宣帝曰：『濤當與景、文共綱紀天下者也。』帝戲曰：『卿小族，那得此快人邪？』」

按晉書本傳曰：「與宣穆后有中表親。」又宣穆張皇后傳曰：「諱春華，河內平皋人也。父汪，魏粟邑令，母河內山氏，司徒濤之從祖姑也。」是濤乃景、文兄弟輩，時師十四歲，昭十一歲，而宣帝不過方遷侍中、尚書右僕射耳。宗人大言，不必為眞，然意其時名聲必稍稍以聞也。

阮籍十二歲。

黃初三年，壬寅。西曆二二二年一月三十日至西曆二二三年二月十七日

春正月庚午，詔取士勿限年。

山濤十八歲。

阮籍十三歲。

黃初四年，癸卯。西曆二二三年二月十八日至西曆二二四年二月七日

漢主劉備卒，五月，太子禪卽位，諸葛亮奉遺詔輔之。

山濤十九歲。

阮籍十四歲。

嵇康生。

世說德行篇注引王隱晉書曰：「嵇本姓奚，其先避怨徙上虞，移譙國銍縣，以出自會稽，取國一支，音同本奚焉。」

魏志王粲傳注引虞預晉書曰：「康家本姓奚，會稽人，先自會稽遷于譙之銍縣，改為嵇氏，取稽字之上山以為姓，蓋以志其本也。一曰銍有嵇山，家于其側，遂氏焉。」

今考諸家姓書，奚本譙郡族，是知王、虞二家晉書說誤。而當從通志：會稽氏徙嵇山而改為嵇氏。

又粲傳注引嵇氏譜說曰：「父昭，字子遠，督軍糧治書侍御史。兄喜，字公穆，歷徐、揚州刺史，太僕，宗正卿。母孫氏。」叔夜兄是否為喜，喜是否字公穆，諸家說不一，待考。

又叔夜與山巨源絕交書云：「少加孤露，母兄見驕。」是亦出自孤寒小族也。

黃初五年，甲辰。西曆二二四年二月八日至西曆二二五年一月二六日

夏四月，立太學，制五經課試之法，置春秋穀梁博士。

山濤二十歲。

阮籍十五歲。

嗣宗家世儒學，十四五年前猶好詩書，其詠懷云：「昔年十四五，志尙好詩書。被褐懷珠玉，顏閔相與期。」足以明之。

其後嗣宗或有出游事，詠懷有云：「王子十五年，游衍伊洛濱。」王子所以自況也。又二首：「少年學擊劍，妙伎過曲城。英風截雲霓，超世發奇聲。揮劍臨沙漠，飲馬九野坰。旗幟何翩翩，但聞金鼓鳴，軍旅令人悲，烈烈有哀情。念我平常時，悔恨從此生。」「平生少年時，輕薄好絃歌，西遊咸陽中，趙李相經過。娛樂未終極，白日忽蹉跎。驅馬復來歸，反顧望三河，黃金百鎰盡，資用常苦多。北臨太行道，失路將如何。」是次出游，非僅其時甚長，且或導致其思想異轍，而由儒入道也。

嵇康二歲。

黃初六年，乙巳。西曆二二五年一月二七日至西曆二二六年二月十四日

山濤二十一歲。

阮籍十六歲。

嵇康三歲。

黃初七年，丙午。西曆二二六年二月十五日至西曆二二七年二月三日

夏五月丁巳，帝崩，太子叡立。中軍大將軍曹眞、鎭軍大將軍陳羣、征東大將軍曹休、撫軍大將軍司馬懿，並受遺詔輔政。

山濤二十二歲。

阮籍十七歲。

嵇康四歲。

明帝太和元年，丁未。西曆二二七年二月四日至西曆二二八年二月二二日

荀粲來京師。

世說文學篇注引荀粲別傳曰：「粲太和初到京師，與傅嘏談。嘏善名理，而粲尙玄遠，宗致雖同，倉卒時或格而不相得意，裴徽通彼我之懷，爲二家釋，頃之，粲與嘏善。」

世說別作「傅嘏善言虛勝，荀粲談尙玄遠，每至共語，有爭而不相喻，裴冀州釋二家之義

，通彼我之懷，常使兩情皆得，彼此俱暢」。易「名理」為「虛勝」，辭意晦澀，然足以證「名理」一辭猶未能為定說。

及是而談風之局遂開。同書注引魏志曰：「嘏嘗論才性同異，鍾會集而論之。」傅子曰：「嘏既達治好正，而有淸理識要，如論才性，原本精微，鮮能及之。」又引粲別傳曰：「粲諸兄儒術論議各知名，粲能言玄遠，常以子貢稱夫子之言性與天道不可得而聞也，然則六籍雖存，固聖人之糠粃。能言者不能屈。」

按由儒入玄，好言「性與天道」，固時風之所趨，而遂為大國，覘此可得其消息焉。

山濤二十三歲。

阮籍十八歲。

嵇康五歲。

太和二年，戊申。西曆二二八年二月二三日至西曆二二九年二月十日

六月，詔高選博士。

魏志明紀引詔文曰：「尊儒貴學，王教之本也。自頃儒官或非其人，將何以宣明聖道。其高選博士，才任侍中、常侍者，申勅郡國，貢士以經學為先。」儒官或非其人，漢魏間固

已顯然，亦由時勢所趨，致魏明之詔影響稀杳。

山濤二十四歲。

阮籍十九歲。

嵇康六歲。

太和三年，己酉。西曆二二九年二月十一日至二三〇年一月三十一日

夏四月丙申，吳王即皇帝位。

山濤二十五歲。

阮籍二十歲。

嵇康七歲。

太和四年，庚戌。西曆二三〇年二月一日至二三一年二月十九日

春二月壬午，詔禁絕浮華。

魏志董昭傳稱昭「太和四年行司徒事，六年，拜眞。昭上疏陳末流之弊曰：『凡有天下者，莫不貴尙敦樸忠信之士，深疾虛僞不眞之人者，以其毀教亂治，敗俗傷化也。近魏諷則伏誅建安之末，曹偉則斬戮黃初之始。伏惟前後聖詔，深疾浮僞，欲以破散邪黨，常用切

齒，而執法之吏，皆畏其權勢，莫能糾擿，毀壞風俗，浸欲滋甚。竊見當今年少，不復以學問爲本，專更以交遊爲業；國士不以孝悌清修爲首，乃以趨勢游利爲先，合黨連羣，互相褒歎，以毀訾爲罰戮，用黨譽爲爵賞，附已者則歎之盈言，不附者則爲作瑕釁，至乃相謂今世何憂不度邪！但求人道不勤，羅之不博耳。又何患其不知已矣，但當吞之以藥而柔調耳。又聞或有使奴客名作在職，家人冒之，出入往來，禁奧交通，書疏有所探問。凡此諸事，皆法之所不取，刑之所不赦，雖諷、偉之罪，無以加也。」帝於是發切詔，斥免諸葛誕、鄧颺等。」

疏言懇切，皆當時之實情，然疏置六年拜眞後，或有誤，以明帝詔在四年春二月壬午，通鑑置董昭疏於四年詔前，是也。

明紀錄其詔曰：「世之質文，隨敎而變。兵亂以來，經學廢絕，後生進趣，不由典謨，豈訓導未洽，將進用者不以德顯乎？其郎吏學通一經，才任牧民，博士課試，擢其高第者，亟用。其浮華不務道本者，皆罷退之。」

諸葛誕傳注引世語曰：「是時，當世俊士散騎常侍夏侯玄、尙書諸葛誕、鄧颺之徒共相題表，以玄、疇四人爲四聰；誕、備八人爲八達；中書監劉放子熙、孫資子密、吏部尙書衞臻子烈三人咸不及此，以父居勢位，容之爲三豫，凡十五人。帝以構長浮華，皆免官廢錮。」

按此或承漢末遺風，而共相題表。然大皆進取不由典謨，而經學所以爲道本者廢，斯卽浮華之義也。好儒君臣必讓以去之，然終不能救，時勢然也。

戊子，詔以文帝典論刻石，立於廟門之外。

癸巳，以司馬懿爲大將軍。

山濤二十六歲。

阮籍二十一歲。

嵇康八歲。

太和五年，辛亥。西曆二三一年二月二十日至西曆二三二年二月八日

東阿王植上疏陳審擧之義。

魏志本傳引其疏云：「夫能使天下傾耳注目者，當權者是也。故謀能移主，威能懾下，豪右執政，不在親戚。權之所在，雖疏必重；勢之所去，雖親必輕。蓋取齊者田族，非呂宗也；分晉者趙、魏，非姬姓也。惟陛下察之。苟吉專其位，凶離其患者，異姓之臣也。欲

國之安，祈家之貴，存共其榮，歿同其禍者，公族之臣也。今反公族疏而異姓親，臣竊惑焉。」

按黃初以來，諸侯王法禁嚴切，至于親姻皆不敢相通問，此由位繼難定而兄弟如讐，致生疑難，終如疏言而魏以亡焉。

山濤二十七歲。

阮籍二十二歲。

嵇康九歲。

太和元年，壬子。西曆二三二年二月九日至西曆二三三年一月二七日

冬十一月庚寅，陳思王植歿。

宋書謝靈運傳論曰：「至於建安，曹氏基命，三祖陳王，咸蓄盛藻，甫乃以情緯文，以文被質。」而七子既喪，二祖接蹤，今則陳思亦以歿聞，建安文學由斯盡矣，此後作風又異。

山濤二十八歲。

阮籍二十三歲。

嵇康十歲。

太和七年，癸丑。（西曆二三三年一月二八日至西曆二三四年二月十五日）

二月丁丑，改元青龍。

山濤二十九歲。

阮籍二十四歲。

嵇康十一歲。

青龍二年，甲寅。（西曆二三四年二月十六日至西曆二三五年二月五日）

八月，諸葛亮卒。

山濤三十歲。

阮籍二十五歲。

嵇康十二歲。

王戎生。

諸書惟載戎卒年，此卽由其前推而得。世說排調篇注引竹林七賢論曰：「籍長戎二十歲。」御覽五七引臧榮緒晉書曰：「戎少阮籍二十餘年。」凡此皆就其總數，或其約數言之，不必爲眞。

世說德行篇注引晉諸公贊曰：「戎字濬沖，琅邪人，太保祥宗族也。」

琅邪臨沂王氏譜載戎世系：

雄：魏幽州刺史。

渾：雄子。晉涼州刺史，貞陵亭侯。

乂：雄子。字叔元，魏平北將軍。

戎：渾子。字濬沖。

按雄，覽從祖兄，是戎實琅邪臨沂王氏旁系之後。巨族郡望，此其出身所以異於山、阮、嵇諸人者。

青龍三年，乙卯。西曆二三五年二月六日至西曆二三六年一月二五日

春正月戊子，以大將軍司馬懿爲太尉。

八月庚午，立皇子芳爲齊王，詢爲秦王。

魏志齊王紀曰：「明帝無子，養王及秦王詢，宮省事秘，莫有知其所由來者。」

注引魏氏春秋曰：「或云：任城王楷子。」

山濤三十一歲。

阮籍二十六歲。

嵇康十三歲。

王戎二歲。

青龍四年，丙辰。西曆二三六年一月二六日至西曆二三七年二月十四日

夏四月，置崇文觀，徵善屬文者以充之。

按此但見於魏志明紀，而不見他處。

山濤三十二歲。

阮籍二十七歲。

嵇康十四歲。

王戎三歲。

青龍五年，丁巳。西曆二三七年二月十五日至西曆二三八年二月一日

三月，改元景初，建丑，以是月爲孟夏四月。

盧毓爲吏部尙書。

魏志本傳曰：「前此諸葛誕、鄧颺等馳名譽，有四聰、八達之誚，帝疾之。時舉中書郎，詔曰：『得其人與否，在盧生耳。選舉莫取有名，名如畫地作餅，不可啖也。』毓對曰：『名不足以致異人，而可以得常士。常士畏教慕善，然後有名，非所當疾也。愚臣既不足以識異人，又主者正以循名案常為職，但當有以驗其後，故古者敷奏以言，明試以功。今考績之法廢，而以毀譽相進退，故眞偽渾雜，虛實相蒙。』帝納其言，卽詔作考課法。毓，植子，於人及選舉，先舉性行而後言才，黃門李豐，嘗以問毓，毓曰：『才所以為善也，故大才成大善，小才成小善，今稱之有才而不能為善，是才不中器也。』豐等服其言。」按此或為後日李豐輩言才性四本之濫觴。而毓所對及上之所問，亦正可以考知時人之重名，與夫名實之往往不符也。

散騎常侍劉劭奉詔作都官考課七十二條，不行。

劭既作考課，制下百僚，魏志杜恕傳引恕疏，以為「今之學者，師商韓而上法術，競以儒家為迂闊，不周世用，此最風俗之流弊」，而「所存非所務，所務非世要」。考課卒不行。

山濤三十三歲。

阮籍二十八歲。

嵇康十五歲。

王戎四歲。

景初二年，戊午。西曆二三八年二月二日至西曆二三九年二月二十日

十二月乙丑，帝寢疾不豫。

甲申，以武衞將軍曹爽代燕王宇爲大將軍。

魏志明紀注引漢晉春秋曰：「帝以燕王宇爲大將軍，使與領軍將軍夏侯獻、武衞將軍曹爽、屯騎校尉曹肇、驍騎將軍秦朗等對輔政。中書監劉放、令孫資久專權寵，爲朗等素所不善，懼有後害，陰圖間之，而宇常在帝側，故未有得言。甲申，帝氣微，宇下殿呼曹肇，有所議，未還，而帝少間，惟曹爽獨在，放知之，呼資與謀，資曰：『不可動也。』放曰：『俱入鼎鑊，何不可之有？』乃突前見帝，垂泣曰：『陛下氣微，若有不諱，將以天下付誰？』帝曰：『卿不聞用燕王邪？』放曰：『陛下忘先帝詔，勑藩王不得輔政。且陛下方病，而曹肇、秦朗等便與才人侍疾者言戲，燕王擁兵南面，不聽臣等入，此卽豎刁、趙高也。今皇太子幼弱，未能統政，外有彊暴之寇，內有勞怨之民，陛下不遠慮存亡，而近係

恩舊，委祖宗之業，付二三凡士，寢疾數日，外內擁隔，社稷危殆，而已不知，此臣等所以痛心也。』帝得放言，大怒，曰：『誰可任者？』放、資乃舉爽代宇，又曰：『宜詔司馬宣王，使相參。』帝從之。放、資出，曹肇入，泣涕固諫，帝使肇勅停。肇出戶，放、資趨而往，復說止帝，帝又從其言。放曰：『宜爲手詔。』帝曰：『我困篤不能。』放即上牀，執帝手强作之，遂齎出，大言曰：『有詔免燕王宇等官，不得停省中。』於是宇、肇、獻、朗相與泣而歸第。』

山濤三十四歲。

阮籍二十九歲。

嵇康十六歲。

王戎五歲。

景初三年，己未。（西曆二三九年二月二一日至西曆二四〇年二月九日）

春正月丁亥，司馬懿還洛陽，與曹爽受遺詔輔政。

明帝崩，太子芳立。

魏志明紀，及注引漢晉春秋、魏略，又劉放、孫資傳，及注引世語、資別傳等頗及其間定策始末。裴松之曰：「案本傳及諸書並云放、資稱贊曹爽，勸告宣王，魏室之亡，禍基於此。」此乃後日政局一大關鍵，影響且及於正始談風之盛衰焉。

二月丁丑，轉司馬懿爲太傅。

按自是權歸曹爽。

魏志爽傳曰：「爽弟羲爲中領軍，訓武衛將軍，彥散騎常侍、侍講，其餘諸弟皆以列侯侍從，出入禁闥，貴寵莫盛焉。南陽何晏、鄧颺、李勝、沛國丁謐、東平畢軌，咸有聲名，進趣於時，明帝以其浮華，皆抑黜之，及爽秉政，乃復進敍，任爲腹心。初，爽以宣王年德並高，恒父事之，不敢專行。及晏等進用，咸共推戴，說爽以權重，不宜委之於人，及以晏、颺、謐爲尚書。晏典選擧，軌司隸校尉，勝河南尹，諸事希復由宣王，宣王遂稱疾避爽。」由此條及太和四年明詔，可知所謂浮華者，不過政爭中欲排除他系之一藉口。凡此輩於政事皆所長，然以不循故道，離經反儒，遂爲人之口實，蓋亦視其主之榮辱而並爲之進退耳。

何晏爲吏部尚書。

晏雖爽黨，亦以才能故。爲吏部，典選擧，於正始一朝，最爲知名且關重要也。魏志本傳

曰：「好老莊言，作道德論，及諸文賦，著述凡數十篇。」按平叔但好老，而不及莊，此其學之殊異處。世說文學篇云：「何晏為吏部尚書，有位望，時談客盈坐。」注引文章敍錄曰：「晏能清言，而當時權勢，天下談士多宗尚之。」魏故事，吏部主選舉，最為清貴，卽前司空、丞相府東曹掾之轉也。據萬斯同氏歷代史表魏將相大臣年表，晏為吏部時，當景初三年，太子芳卽位之年也，其明年為正始元年。而正始之十年，改元嘉平，正月，以與爽通姦謀，夷三族。是晏之居位十年，與正始正相終始也。而正始談風之盛，實由斯人之倡導。

山濤三十五歲。
阮籍三十歲。
嵇康十七歲。
王戎六歲。

齊王芳正始元年，庚申。西曆二四〇年二月十日至西曆二四一年一月二八日

山濤三十六歲。
阮籍三十一歲。

嵇康十八歲。

王戎七歲，有神童之目。

世說雅量篇云：「王戎七歲，嘗與諸小兒游，看道邊李樹多子折枝，諸兒競走取之，唯戎不動。人問之，答曰：『樹在道邊而多子，此必苦李。』取之信然。」注引名士傳曰：「戎由是幼有神童之目也。」

又雅量篇云：「魏明帝於宣武場上斷虎爪牙，縱百姓觀之。王戎七歲，亦往看，虎乘間攀欄而吼，其聲震地，觀者莫不辟易顛仆，戎湛然不動，了無恐色。」注引竹林七賢論曰：「明帝自閣上望見，使人問戎姓名而異之。」按世說乃小說家言，用資談助，故並里巷所傳而盡收之，不必為眞，故往往失其考。此條或採自竹林七賢論，然明帝早於景初二年十二月乙丑寢疾不豫，時戎不過五齡。設此說為眞，則戎以一五齡童而鎮靜如是，與前引苦李之事，並可假言戎幼惠，而實有異乎常稚也。

正始二年，辛酉。西曆二四一年一月二九日至西曆二四二年二月十六日

春二月，帝初通論語。

按論語解敍稱：「光祿大夫關內侯臣孫邕、光祿大夫臣鄭沖、散騎常侍中領軍安鄉亭侯臣

曹羲、侍中臣荀顗、尚書駙馬都尉關內侯臣何晏等上。」疑論語集解一書正此時所上，羲、晏官職並合，可爲一證。

敍又稱：「今集諸家之善說，記其姓名。有不安者，頗爲改易。」亦其時好倡新義，故間有用老子意釋之，而頗見發明者，學風異轍故也。

山濤三十七歲。

阮籍三十二歲。

嵇康十九歲。

王戎八歲。

正始三年，壬戌。西曆二四二年二月十七日至西曆二四三年二月六日

山濤三十八歲。

阮籍三十三歲，太尉蔣濟辟之。

晉書本傳云：「太尉蔣濟，聞其有儁才而辟之，籍詣都亭奏記曰：『伏惟明公，以含一之德，據上臺之位，英豪翹首，俊賢抗足，開府之日，人人自以爲掾屬，辟書始下，而下走爲首。昔子夏在於西河之上，而文侯擁篲；鄒子處於黍谷之陰，而昭王陪乘。夫布衣韋帶

之士孤居特立，王公大人所以禮下之者，爲道存也。今籍無鄒、卜之道，而有其陋；猥見採擇，無以稱當，方將耕於東皐之陽，輸黍稷之餘稅。負薪疲病，足力不彊，補吏之召，非所克堪，乞廻謬恩，以光清舉。』初，濟恐籍不至，得記欣然，遣卒迎之，而籍已去。濟大怒，於是鄉親共喻之，乃就吏，後謝病歸。」

按記稱開府之日，當是濟任太尉之初也。而濟爲太尉，在是年秋七月丁酉，故置於是年。其時籍聲譽已起，蔣濟開府，辟書以其爲首，又恐其不至，皆足以證之。

嵇康二十歲。

王戎九歲。

正始四年，癸亥。西曆二四三年二月七日至西曆二四四年一月二六日

宗室曹冏上書請建親親之道，爽不用。

魏志武文世王公傳注引魏氏春秋引錄其書曰：「古之王者，必建同姓以明親親，必樹異姓以明賢賢。親親之道專用，則其建也微弱；賢賢之道偏任，則其敝也刼奪。先賢知其然也，故博求親疏而並用之，故能保其社稷，歷紀長久。今魏尊尊之法雖明，親親之道未備，或任而不重，或釋而不任。大魏之興，于今二十有四年矣，子弟王空虛之地，君有不使之

民；宗室竄於閭閻，不聞邦國之政；權均匹夫，勢齊凡庶。內無深根不拔之固，外無磐石宗盟之助，非所以安社稷，爲萬世之業也。且今之州牧、郡守，古之方伯、諸侯，皆跨有千里之土，兼軍武之任，或比國數人，或兄弟並據；而宗室子弟曾無一人間廁其間，與相維制，非所以強榦弱枝，備萬一之虞也。今之用賢，或超爲名都之主，或爲偏師之帥；而宗室有文者，必限小縣之宰，有武者，必置百人之上，非所以勸進賢能、褒異宗室之禮也。語曰：『百足之蟲，至死不僵。』以其扶之者衆也。此言雖小，可以譬大。是以聖王安不忘危，存不忘亡，或天下有變而無傾危之患矣。」

按由冏書，足以考知魏氏所以不永之根本弊因所在，與陳思之文可以並觀。

山濤三十九歲。

阮籍三十四歲。

嵇康二十一歲。

王戎十歲。

正始五年，甲子。西曆二四四年一月二七日至西曆二四五年二月十三日

山濤四十歲，始爲郡主簿。

御覽二六五引王隱晉書曰：「年四十，始爲州辟部河南從事。」此拔等特異之事，非故事也。唐修晉書本傳謂濤「年四十，始爲郡主簿，功曹，上計掾，舉孝廉，州辟部河南從事」云，或當有所據，亦與虞預晉書言濤與石鑒共傳宿事較合（參考正始八年條）。

又據世說政事篇注引虞預晉書曰：「爲河內從事。」濤河內人，終未有離鄉他辟之說，是知王隱晉書、唐修晉書作「河南從事」者皆誤。

阮籍三十五歲。

嵇康二十二歲。

王戎十一歲。

正始六年，乙丑。西曆二四五年二月十四日至西曆二四六年二月二日

十二月辛亥，詔學者得以王朗易傳課試。

山濤四十一歲。

阮籍三十六歲。

嵇康二十三歲。

王戎十二歲。

正始七年，丙寅。西曆二四六年二月三日至西曆二四七年二月二十一日

冬十二月，帝講禮記通。

山濤四十二歲。

阮籍三十七歲。

嵇康二十四歲。

王戎十三歲。

正始八年，丁卯。西曆二四七年二月二十二日至西曆二四八年二月十一日

五月，太傅司馬懿稱疾，不與政事。

晉書高紀正始八年條云：「曹爽用何晏、鄧颺、丁謐之謀，遷太后於永寧宮，專擅朝政，兄弟並典禁兵，多樹親黨，屢改制度，帝不能禁，於是與爽有隙。五月，帝稱疾，不與政事。」

山濤四十三歲，自河內從事棄官去。

據晉書本傳，是時濤固已自郡主簿、功曹、上計掾、擧孝廉，而州辟部河內從事矣。

世說政事篇注引虞預晉書曰：「爲河內從事，與石鑒共傳宿，濤夜起蹋鑒曰：『今何等時而眠也，知太傅臥何意？』鑒曰：『宰相三日不朝，與尺一令歸第，君何慮？』濤曰：『咄！石生無事馬蹄間也。』投傳而去。」

以此可以考知濤於此時之政局具極深之認識，而知其情勢之嚴重，非石鑒輩所可及也。

秋七月，何晏奏請講論經義。

魏書齊王紀引晏之奏曰：「善爲國者，必先治其身，治其身者，愼其所習。所習正，則其身正，其身正，則不令而行；所習不正，則其身不正，其身不正，則雖令不從。是故爲人君者，所與游必擇正人，所觀覽必察正象，放鄭聲而不聽，遠佞人而弗近，然後邪心不生，而正道可弘也。季末闇主，不知損益，斥遠君子，引近小人，忠良疏遠，便辟褻狎，亂生近暱，譬之社鼠，考其昏明，所積以然，故聖賢諄諄，以爲至慮。可自今以後，御幸式乾殿，及游豫後園，皆大臣侍從。因從容戲宴，兼省文書，詢謀政事，講論經義，爲萬世法。」

平叔此疏，如出經師儒臣，眞有古大臣風也。

阮籍三十八歲。

嵇康二十五歲。

王戎十四歲。

正始九年，戊辰。西曆二四八年二月十二日至西曆二四九年一月三十日

管輅舉秀才，來京師。

本傳曰：「正始九年，舉秀才，十二月二十八日，吏部尚書何晏請之。」

按輅事多見於裴注引輅別傳，其中具載初期談坐情形，並易學之變兆，故詳舉之：

父爲琅邪卽丘長，年十五，來至官舍。琅邪太守單子春，雅有才度，聞輅一黌之儁，欲得見。輅父卽遣輅造之，大會賓客百餘人，坐上有能言之士。輅問子春：「今欲與輅爲對者，若府君四座之士邪？」子春曰：「吾欲自與卿旗鼓相當。」輅言：「始讀詩，論易本，學問微淺，未得上引聖人之道，陳秦漢之爭，但欲論金木水火土鬼神之情耳。」子春言：「此最難者，而卿以爲易邪？」於是，唱大論之端，遂經於陰陽，文采葩流，枝葉橫生，少引聖籍，多發天然。子春及衆士互共攻劫，論難鋒起，而輅人人答對，言皆有餘。鮑子春爲列人令，有明思才理。與輅相見，輅論爻象之旨，說變化之義，若規圓矩方，無不合也。輅言：「若非性與天道，何由背爻象而任胸心者乎！」

輅爲華清河所召，爲北黌文學。安平趙孔曜明敏有思識，與輅相見，言冀州裴使君才理清明，能釋玄虛，每論易及老莊之道，未嘗不注精於嚴瞿之徒也，今當故往爲君陳。即檄召輅爲文學從事，一相見，清論終日，不覺罷倦。再相見，便轉爲鉅鹿從事，三見轉治中，四見轉爲別駕，至十月，擧爲秀才。輅辭裴使君，使君言：「丁、鄧兩尙書有經國才略，於物理不精也。何尙書神明精微，言皆巧妙，巧妙之志，殆破秋毫，君當愼之。自言不解易九事，必當以相問，比至洛，宜善精其理也。」輅言：「何若巧妙以攻難之才，游形之表，未入於神。夫入神者，當步天元，推陰陽，探玄虛，極幽明，然後覽道無窮，未暇細言。若欲差次老莊而參爻象，愛微辯而與浮藻，可謂射侯之巧，非能破秋毫之妙也。若九事皆至義者，不足勞思也。」輅爲何晏所請，果共論易九事，九事皆明，晏曰：「君論陰陽，此世無雙。」時鄧颺與晏共坐，颺言：「君見謂善易，而語初不及易辭意，何故也？」輅尋聲答之曰：「夫善易者，不論易也。」晏含笑而讚之曰：「可謂要言不煩也。」故郡將劉邠，字令元，清和有思理，好易而不能精，與輅相見，意甚喜歡，但共清譚。邠自言：「數與何平叔論易及老莊之道，至於精神遐流，與化周旋，清若金水，鬱若山林，非君侶也。」

裴冀州，何、鄧二尙書，及鄉里劉太常潁川兄弟，以輅稟受天才，明陰陽之道，吉凶之情一得其源，遂涉其流，亦不爲難，常歸服之。輅自言：「與此五君共語，使人精神淸發，昏不暇寐。自此以下，殆白日欲寢矣。」

山濤四十四歲。

阮籍三十九歲，爲尙書郎。

王戎十五歲，始見籍。

世說簡傲篇注引晉陽秋曰：「戎年十五，隨渾在郎舍，阮籍見而說焉。每適渾，俄頃，輒在戎室，久之。乃謂渾：『濬沖淸尙，非卿倫也。』」

又引竹林七賢論曰：「初，籍與戎父渾俱爲尙書郎，每造渾，坐未安，輒曰：『與卿語，不如與阿戎語。』就戎，必日夕而返。籍長戎二十歲，相得如時輩。」

按此云籍長戎二十歲，取其約數也，不必爲眞。是條亦見於御覽四百十引王隱晉書，可參看。

籍轉曹爽參軍，以疾歸里。

魏志本傳注引魏氏春秋曰：「後爲尙書郎，曹爽參軍，以疾歸田里。歲餘，爽誅。」

按籍之任尚書郎，或在其先，然自郎署轉曹爽參軍，必在是年，由王戎見籍郎舍可證。又歲餘，爽誅，是知籍之轉參軍爲期甚暫，卽以疾歸田里。或因政派有別致然，覘其後事可知。

嵇康二十六歲。

正始十年，己巳。西曆二四九年一月三一日與西曆二五〇年二月十八日

春正月甲午，奏免大將軍曹爽。

戊戌，曹爽、丁謐、鄧颺、何晏、畢軌、李勝、桓範等並以謀不軌伏誅。

魏志卷九曹爽傳曰：「十年正月，車駕朝高平陵，爽兄弟皆從。宣王部勒兵馬，先據武庫，遂出屯洛水浮橋。……遂免爽兄弟，以侯還第。初，張當私以所擇才人張何等與爽，疑其有姦，收當治罪，當陳爽與晏等陰謀反逆，並先習兵，須三月中欲發，於是收晏等下獄。會公卿朝臣廷議，以爲春秋之義，君親無將，將而必誅，爽以支屬，世蒙殊寵，親受先帝握手遺詔，託以天下，而包藏禍心，蔑棄顧命，乃與晏、颺及當等謀圖神器，範黨同罪人，皆爲大逆不道。於是收爽、羲、訓、晏、颺、謐、軌、勝、範、當等，皆伏誅，夷三族。」

又卷四齊王紀嘉平元年條：「春正月甲午，車駕謁高平陵。太傅司馬宣王奏免大將軍曹爽，爽弟中領軍羲、武衞將軍訓、散騎常侍彥官，以侯就第。戊戌，有司奏收黃門張當付廷尉，考實其辭，爽與謀不軌。又尚書丁謐、鄧颺、何晏，司隸校尉畢軌、荊州刺史李勝、大司農桓範，皆與爽通姦謀，夷三族。」

按此實曹氏、司馬氏兩家爭奪政柄，而後者得勝之一幕，晏等伏誅，此後政局又異。

阮籍四十歲，爲太傅從事中郎。

魏志本傳注引魏氏春秋曰：「爽誅，太傅及大將軍乃以爲從事中郎。後朝論以其名高，欲顯崇之，籍以世多故，祿仕而已。」

茲考唐修晉書本傳曰：「宣帝爲太傅，命籍爲從事中郎。」而魏氏春秋所謂「太傅及大將軍」者，實指懿、師父子。時師尚不在大將軍之位，故當從唐修晉書之說，籍但爲太傅從事中郎。

然懿、師父子並以籍爲從事中郎，亦可以考見其與司馬氏有極深之淵源，而實參機密之任，此由其後日發展可知。於其外，則籍故示尸位素餐，祿仕而已，此不可以不深加注意者。

嵇康二十七歲，生女。

康景元二年所作之與山巨源絕交書中，稱「女年十三」，因推得其女生於是年。然則叔夜必婚於九年或更前。

世說德行篇注引文章敍錄曰：「康以魏長樂亭主壻遷郎中，拜中散大夫。」長樂亭主者，沛穆王林子之女也，沛王則杜夫人所出。而平叔之母尹夫人，既歸魏武，平叔復娶杜夫人所出之金鄉公主，然則平叔與叔夜間之關係，蓋亦可以考知矣。康既以此種親屬關係而得官，如唐修晉書本傳所謂：「與魏宗室婚，拜中散大夫。」其去官，當亦在平叔被誅之後。

夏四月乙丑，改元嘉平。

秋，王弼以癘疾亡。

魏志本傳曰：「弼好論儒道，辭才逸辯，注易及老子，爲尚書郎，年二十餘卒。」注引何劭弼別傳曰：「弼幼而察惠，年十餘，好老氏，通辯能言。正始中，黃門侍郎累缺，晏既用賈充、裴秀、朱整，又議用弼。時丁謐與晏爭衡，致高邑王黎於曹爽，爽用黎，於是以弼補臺郎。時爽專朝政，黨與共相進用。弼性和理，樂遊宴，解音律，善投壺，其論道附會，文辭不如何晏，自然有所拔得多晏也。正始十年，曹爽廢，以公事免，其秋，遇癘疾亡，時年二十四。」

世說文學篇云：「何晏爲吏部尙書，有位望。時談客盈坐，王弼未弱冠，往見之。晏聞弼名，因條向者勝理語弼曰：『此理，僕以爲極可，得復難不？』弼使作難，一坐人便以爲屈。於是，弼自爲客主數番，皆一坐所不及。」

又魏志本傳注引孫盛曰：「易之爲書，窮神知化，非天下之至精，其孰能與於此。世之注解，殆皆妄也，況弼以附會之辨，而欲籠統玄旨者乎？故其敍浮義，則麗辭溢目；造陰陽，則妙頤無間。至於六爻變化，羣象所效，日時歲月，五氣時推，弼皆擯落，多所不關，雖有可觀者焉，恐將泥夫大道。」

按正始談風，以何晏、王弼故，今一歲而俱亡，談風遂熄，後世嚮往正始而終不可再也，豈以其說、理並兼於一身邪？反觀當時山、阮、嵇、王、劉、向輩，於談坐究何所關，而必言其爲淸談代表，不亦謬乎？

山濤四十五歲。

王戎十六歲。

嘉平二年，庚午。西曆二五〇年二月十九日至西曆二五一年二月七日

山濤四十六歲。

阮籍四十一歲。

嵇康二十八歲。

王戎十七歲。

嘉平三年，辛未。西曆二五一年二月八日至西曆二五二年一月二八日

四月丙午，太傅司馬懿東征太尉王凌，以凌謀廢帝立楚王彪也。

五月甲寅，凌自殺。

六月，楚王彪賜死，盡錄諸王公置鄴，使有司察之，不得交關。

秋七月戊寅，太傅司馬懿卒，以衛將軍師爲撫軍大將軍、錄尚書事。

城陽太守鄧艾請分國以弱南匈奴，並請漸出羌胡。

通鑑注胡身之曰：「鄧艾所陳，先於徙戎論。司馬師既從之矣，然卒不能杜其亂華之漸，抑所謂漸出之者行之而不究邪？豈天將啓胡、羯、氐、羌，非人之所能爲也。」

山濤四十七歲。

阮籍四十二歲。

嵇康二十九歲。

王戎十八歲。

嘉平四年，壬申。西曆二五二年一月二九日至西曆二五三年二月十四日

春正月癸卯，以司馬師爲大將軍。

阮籍四十三歲，爲大將軍從事中郎。

晉書本傳曰：「宣帝爲太傅，命籍爲從事中郎。及帝崩，復爲景帝大司馬從事中郎。」

按景帝但爲大將軍，大司馬則久無其人，故知此當從魏志本傳注引魏氏春秋之作大將軍從事中郎，而本傳有誤。

夏四月，吳主權殂，太子亮卽位。

山濤四十八歲。

嵇康三十歲。

王戎十九歲。

嘉平五年，癸酉。西曆二五三年二月十五日至西曆二五四年二月四日

山濤四十九歲，子簡生。
阮籍四十四歲。
嵇康三十一歲。
王戎二十歲。

嘉平六年，甲戌。西曆二五四年二月五日至西曆二五五年一月二四日

春二月，誅夏侯玄、李豐、張緝等。

魏志本傳曰：「玄以爽抑黜，內不得意。中書令李豐，雖宿爲大將軍司馬景王所親待，然私心在玄，遂結皇后父光祿大夫張緝，謀欲以玄輔政。豐既內握權柄，子尙公主，又與緝俱馮翊人，故緝信之。豐陰令弟兗州刺史翼求入朝，欲使將兵入幷力起，會翼求朝不聽。嘉平六年二月，當拜貴人，豐等欲因御臨軒，諸門有陛兵，誅大將軍，以玄代之，以緝爲驃騎將軍。豐密語黃門監蘇鑠、永寧署令樂敦、宂從僕射劉賢等曰：『卿諸人居內，多有不法，大將軍嚴毅，累以爲言，張當可以爲誡。』鑠等皆許以從命。大將軍微聞其謀，請豐相見，豐不知而往，卽殺之。事下有司，收玄、緝、鑠、敦、賢等送廷尉。廷尉鍾毓，奏豐等謀迫脅至尊，擅誅冢宰，大逆無道，請論如法。於是會公卿朝臣廷尉議，咸以爲豐

等各受誅寵，典綜機密；緝承外戚椒房之尊；玄備世臣，世居列位，而包藏禍心，構圖凶逆，交關閹豎，授以姦計，畏憚天威，不敢顯謀，乃欲要君脅上，肆其詐虐，謀誅良輔，擅相建立，將以傾覆京室，顚危社稷，毓所正，皆如科律。報毓施行，於是豐、玄、緝、敦、賢等，皆夷三族。」

世說容止篇曰：「時人目夏侯太初朗朗如日月之入懷，李安國頹唐如玉山之將崩。」

按玄、豐並一代名士，世說方正篇注引魏氏春秋，謂「玄風格高朗，弘辯博暢」，又文學篇注引魏志，亦稱「鍾會撰四本論，論異者中書令李豐」，今既誅，有魏談坐論壇自是益以衰微矣。

秋九月甲戌，廢帝芳爲齊王。

阮籍四十五歲，秋，撰首陽山賦。

全三國文四四引曰：「正元元年秋，余尙爲中郎，在大將軍府，獨往南牆下，北首陽山，賦曰：在茲年之末歲兮，端旬首而重陰。風飃回以曲至兮，雨旋轉而纖襟。蟋蟀鳴乎東房兮，鶗鴂號乎西林。時將暮而無儔兮，慮悽愴而感心。振沙衣而出門兮，纓委絕而靡尋。步徙倚以遙思兮，喟歎息而微吟。將脩飾而欲往兮，衆齷齪而笑人。靜寂寞而獨立兮，亮孤植而靡因。懷分索之情一兮，穢羣僞之射眞。信可實而弗離兮，寧高舉而自儐。聊仰首以廣頫兮，瞻首陽之岡岑。樹蘩茂以傾倚兮，紛蕭爽而揚音。下崎嶇而無薄兮，上洞徹而無依。鳳翔過而不集兮，鳴梟羣而竝棲。颺遙逝而遠去兮，二老窮而來歸。實囚軋而處斯兮，焉暇豫而敢誹。嘉粟屏而不存兮，故甘死而採薇。彼背殷而從昌兮，投危敗而弗遲。此進而不合兮，又何稱乎仁義。肆壽夭而弗豫兮，競毀譽以爲度。察前載之是云兮，何美論之足慕。苟道求之在細兮，焉子誕而多辭。且清虛以守神兮，豈慷慨而言之。」

此文所以譏夷齊之好稱仁義。讀之，亦可以明嗣宗之所求。

又其詠懷二首，疑亦同時之作，詩云：「嘉樹下成蹊，東園桃與李。秋風吹飛藿，零落從此始。繁華有憔悴，堂上生荆杞。驅馬舍之去，去上西山趾。一身不自保，何況戀妻子。凝霜被野草，歲暮亦云已。」「步出上東門，北望首陽岑。下有采薇士，上有嘉樹林。良辰在何許，凝霜霑衣襟。寒風振山岡，玄雲起重陰。鳴鴈飛南征，鶗鴂發哀音。素質游商聲，悽愴傷我心。」此並從黃節氏阮步兵詠懷詩註說。

冬十月癸丑，立高貴鄉公髦，大赦，改元正元。

籍封關內侯，徙散騎常侍。

晉書本傳曰：「高貴鄉公卽位，封關內侯，徙散騎常侍。」

按魏志高貴鄉公紀曰：「正元元年冬十月甲辰，命有司論廢立定策之功，封爵、增邑、進位、班賜各有差。」是以知籍實與聞廢立定策之事也，而前引首陽山賦序，自言其秋尙在大將軍府，亦足以證此。同時封侯者，尙有鍾會，而「會歷機密十餘年，頗豫政謀」（魏志本傳注引），亦可以爲證。

山濤五十歲，見司馬師，遂擧秀才，除郎中。

晉書本傳曰：「與宣穆后有中表親，是以見景帝，帝曰：『呂望欲仕邪？』命司隸擧秀才，除郎中。」

按宣穆張皇后傳曰：「諱春華，河內平皐人也。父汪，魏粟邑令，母河內山氏，司徒濤之從祖姑也。」是濤實師兄弟輩也，於爽事前二年隱去，今藉師而復出。

嵇康三十二歲。

王戎二十一歲。

高貴鄉公正元二年，乙亥。西曆二五五年一月二五日至西曆二五六年二月十二日

春正月乙丑，鎭東將軍毋丘儉、揚州刺史文欽，矯太后詔，起兵壽春，以討司馬師。

魏志儉傳載儉欽等表曰：「故相國懿，匡輔魏室，歷事忠貞，故烈祖明皇帝授以寄託之任，懿戮力盡節，以寧華夏。又以齊王聰明，無有穢德，乃心勤盡忠以輔上，天下賴之。懿欲討滅二虜，以安宇內，始分軍，克時同擧，未成而薨。齊王以懿有輔己大功，故遂使師承統懿業，委以大事。而師以盛年在職，無疾託病，坐擁彊兵，無有臣禮，朝臣非之，義士譏之，天下所聞，其罪一也。……故中書令李豐等，以師無人臣節，欲議退之，師知而請豐，其夕捶殺，載尸埋棺。豐等為大臣，帝王腹心，擅加酷暴，死無罪名，師有無君之心，其罪五也。懿每歎說齊王自堪人主，君臣之義定，奉事以來，十有五載，始欲歸政，按行武庫，詔門禁兵，不得妄出。師自知姦慝，人神所不佑，矯廢君主，加之以罪。孚，師之叔父，性甚仁孝，追送齊王，悲不自勝，君臣皆怒，而師懷忍，不顧大義，其罪六也。又故光祿大夫張緝，無罪而誅，夷其妻子，並及母后，逼恐至尊，彊催督遣，臨時哀愕，莫不傷痛，而師稱慶，反以歡喜，其罪七也。……多休守兵，以占高第，以空虛四表，欲擅彊勢，以逞姦心，募取屯田，加其復賞，阻兵安忍，壞亂舊法，合聚諸藩王公以著鄴，欲悉誅之，一旦擧事廢王，天不長惡，使目腫不成，其罪十一也。……

甲辰，斬毌丘儉。

嵇康三十三歲。

魏志本傳注引干寶、孫盛、習鑿齒諸家說，云「正元二年，司馬文王反自樂嘉，殺嵇康、呂安」，裴氏破之，以爲此「蓋緣世語云：康欲舉兵應毋丘儉，故謂破儉便應殺康也」。按是說之非，自不待言，然所以此諸家皆信從之者，豈叔夜之反司馬氏，非徒口說，而又見諸於行事邪？故終假呂安之事而遂以翦除也。

二月壬子，司馬師歿。

三月丁巳，以司馬昭爲大將軍，錄尙書事。

阮籍四十四歲。

世說任誕篇注引文士傳曰：「籍放誕有傲世情，不樂仕宦。晉文帝親愛籍，恆與談戲，任其所欲，不迫以職事。籍嘗從容曰：『平生曾遊東平，樂其土風，願得爲東平太守。』文帝說，從其意。籍便騎驢徑到郡，皆壞府舍諸壁障，使內外相望，然後教令淸寧，十餘日，便復騎驢去。後聞步兵廚中有酒三百石，忻然求爲校尉，於是入府舍，與劉伶酣飮。」

又引竹林七賢論曰：「籍與伶共飮步兵廚中，並醉而死。」

又御覽四九八引王隱晉書曰：「魏末，阮籍有才，而嗜酒荒放，露頭散髮，裸袒箕踞，作二千石，不治官事，日與劉伶等共飲酒歌呼，時人或以籍生在魏晉之交，欲佯狂避時，不知籍本性自然也。」

又晉書卷三三何曾傳：「時步兵校尉阮籍，負才放誕，居喪無禮，曾面質籍於文帝座曰：『卿縱情背禮，敗俗之人，今忠賢執政，綜核名實，若卿之曹，不可長也。』因言於帝曰：『公方以孝治天下，而聽阮籍以重哀，飲酒食肉於公座。宜擯四裔，無令汙染華夏。』帝曰：『此子羸病若此，君不能爲吾忍邪？』曾重引據，辭理甚切，帝雖不從，時人敬憚之。」

按諸書不載劉伶生卒年，涉及亦寡，文選四七酒德頌注引臧榮緒晉書曰：「劉伶，字伯倫，沛國人也。志氣曠放，以宇宙爲狹，著酒德頌。」今與籍共飲步兵廚中，疑伶或爲籍之門客也。又籍之荒放，最爲當時禮教人士，若何曾輩所不滿，唯以文帝右之，得無事。若曰其生在魏晉之交而佯狂避時，其實參與晉室攘奪魏氏政權之最高機密，是亦有意作達者也。

右數條不載年時，唯以涉及文帝，故並列於此，以證其相得之歡。

甲戌，以征南大將軍王昶爲驃騎將軍。

山濤五十一歲，爲驃騎將軍王昶從事中郎。

晉書本傳：「除郎中，轉驃騎將軍王昶從事中郎。」

九月庚子，講尙書業終。

壬戌二十二歲。

正元三年，丙子。西曆二五六年二月十三日至西曆二五七年一月三十一日

春正月乙巳，沛王林薨。

二月丙辰，帝宴羣臣於太極東堂，因論帝王之優劣。丁巳，復論之。

魏志本紀注引魏氏春秋曰：「二月丙辰，帝宴羣臣於太極東堂，與侍中荀顗、尙書崔贊、袁亮、鍾毓、中書令虞松等，並講述禮典，遂言帝王優劣之差。帝慕夏少康，因問顗等曰：『有夏旣衰，后相殆滅，少康收集夏衆，復禹之績；高祖拔起隴畝，驅帥豪儁，芟夷秦、項，包擧寓內。斯二主，可謂殊才異略，命世大賢者也。考其功德，誰宜爲先？』……帝曰：『自古帝王，功德言行，互有高下，未必創業者皆優，紹繼者皆劣也。湯武、高祖，雖俱受命，聖賢之分，所覺縣殊。少康、殷宗，中興之美；夏啓、周成，守文之盛，論德較實，方諸漢祖，吾見其優，未聞其劣。顧所遇之時殊，故所名之功異耳。……推

此言之，宜高夏康而下漢祖矣。』」

據帝此言，或有見於魏室中衰，有感而發邪！是爲日後被弒之伏筆。

夏四月丙辰，帝幸太學。

魏志本紀曰：「丙辰，帝幸太學，問諸儒曰：『聖人幽贊神明，仰觀俯察，始作八卦，後聖重之爲六十四，立爻以極數。凡斯大義，罔有不備。而夏有連山，殷有歸藏，周曰周易，易之書其故何也？』易博士淳于俊對曰：『包羲因燧皇之圖而制八卦，神農演之爲六十四，黃帝、堯、舜通其變，三代隨時，質文各繇其事。故易者，變易也。名曰連山，似山出內，氣連天地也；歸藏者，萬事莫不歸藏於其中也。』帝又曰：『若使包羲因燧皇而作易，孔子何以不云燧人氏沒，包羲氏作乎？』俊不能答。帝又問曰：『孔子作彖象，鄭玄作注，雖聖賢不同，其所釋經義一也。今彖象不與經文相連，而注連之何也？』俊對曰：『鄭玄合彖象於經者，欲使學者尋省易了也。』帝曰：『若鄭玄合之於學誠便，則孔子曷爲不合以了學者乎？』俊對曰：『孔子恐其與文王相亂，是以不合，此聖人以不合爲謙。』帝曰：『若聖人以不合爲謙，則鄭玄何獨不謙邪？』俊對曰：『古義弘深，聖問奧遠，非臣所能詳盡。』帝又問曰：『繫辭云：黃帝、堯、舜，垂衣裳而天下治。此包羲、神農之世，爲無衣裳。但聖人化天下，何殊異爾邪？』俊對曰：『三皇之時，人寡而禽獸衆，故取其羽皮而天下用足；及至黃帝，人衆而禽獸寡，是以作爲衣裳，以濟時變也。』帝又問：『乾爲天，而復爲金，爲玉，爲老馬，與細物並邪？』俊對曰：『聖人取象，或遠或近，近取諸物，遠則天地。』講易畢，復命講尙書，帝問曰：『鄭玄云：稽古同天，言堯同於天也。王肅云：堯順考古道而行之。二義不同，何者爲是？』博士庾峻對曰：『先儒所執，各有乖異，臣不足以定之。然洪範稱三人占，從二人之言。賈、馬及肅，皆以爲順考古道。以洪範言之，肅義爲長。』帝曰：『仲尼言：唯天爲大，唯堯則之。堯之大美，在乎則天，順考古道，非其至也。今發篇開義，以明聖德，而舍其大，更稱其細，豈作者之意邪？』峻對曰：『臣奉遵師說，未喻大義，至於折中，裁之聖思。』次及四嶽擧鯀，帝又問曰：『夫大人者，與天地合其德，與日月合其明，思無不周，明無不照。今王肅云：堯意不能明鯀，是以試用。如此聖人之明，有所未盡邪？』峻對曰：『雖聖人之弘，猶有所未盡，故禹曰：知人則哲，惟帝難之。然卒能改授聖賢，緝熙庶績，亦所以成聖也。』帝曰：『夫有始有卒，其唯賢人，若不能始，何以爲聖。其言惟帝難之，然卒能改授，蓋謂知人，聖人所難，非不盡之言也。經云：知人則哲。能官人，若堯疑鯀試之，九年，官人失敍，何得謂之聖哲？』峻對曰：『臣竊觀經傳，聖人行事，不能無失，是以堯失之四凶，周公失之二叔，仲尼失之宰予。』帝曰：『堯之任鯀，九載無成，汨陳五行，民用昏墊。至於仲尼失之宰予，言行之間，輕重不同也。至於周公，管、蔡之事，亦尙書所載，皆博士所當通也。』峻對曰：『此皆先賢所疑，非臣寡見所能究論。』次及有鰥在下曰虞舜，帝問曰：『當堯之時，洪水爲害，四凶在朝，宜速登賢聖，濟斯民之時也。舜年在既立，聖德光明，而久不進用，何也？』峻對曰：『堯咨嗟求賢，欲遜己位，嶽曰：否，德忝帝位。堯復使嶽揚擧仄陋，然後薦舜。薦舜之本，實由於堯，此蓋聖人欲盡衆心也。』帝曰：『堯既聞舜而不登用，又時忠臣亦不進達，乃使嶽揚仄陋而後薦擧，非急於用聖恤民之謂也。』峻對曰：『非臣愚見所能逮及。』於是，復命講禮記，帝問曰：『太上立德，其次務施報，爲治何由，而教化各異，皆脩何政，而能致於立德、施而不報乎？』博士馬照對曰：『太上立德，謂三皇五帝之世，以德化民；其次報施，謂三王之世，以禮爲治也。』帝曰：『二者致化薄厚不同，將主有優劣邪？時使之然乎？』照對曰：『誠由時有樸文，故化有薄厚也。』

注引晉諸公贊曰：「帝常與中護軍司馬望、侍中王沈、散騎常侍裴秀、黃門侍郎鍾會等講宴於東堂，並屬文論。」

按由上所引，亦可以考見帝懷疑經傳注說而不輕易置信也。對當時學風，可作一極佳之旁證。

嵇康三十四歲，撰管蔡論。

全三國文五十引本集：「或問曰：『案記管蔡流言，叛戾東都，周公征討，誅以凶逆，頑惡顯著，流名千里。且明父聖兄，曾不鑒凶愚于幼稚，覺無良之子弟，而乃使理亂殷之弊民，顯榮爵于藩國，使惡積罪成，終遇禍害，于理不通，心無所安，願聞其說。』答曰：『善哉！子之問也。昔文武之用管蔡以實，周公之誅管蔡以權。權事顯，實理沉，故令時人全謂管蔡爲頑凶。方爲吾子論之：夫管蔡皆服教殉義，忠誠自然，是以文王列而顯之，發、旦二聖，舉而任之，非以情親而相私也。乃所以崇德禮賢，濟殷弊民，綏輔武庚，以興頑俗，功業有績，故曠世不廢，名冠當時，列爲藩臣。逮至武卒，嗣誦幼沖，周公踐政，率朝諸侯，思光前載，以隆王業。而管蔡服教，不達聖權，卒遇大變，不能自通，忠疑乃心，思在王室。遂乃抗言率衆，欲除國患，翼存天子，甘心毀旦，斯乃愚誠憤發，所以徼禍也。成王大悟，周公顯復，一化齊俗，義以斷恩，雖內信如心，外體不立，稱兵叛亂，所惑者廣，是以隱忍授刑，流涕行誅。示以賞罰，不避親戚，榮爵所顯，必鍾盛德，戮撻所施，必加有罪，斯乃爲教之正。今之朝議管蔡雖懷忠抱誠，要爲罪誅；罪誅已顯，不得復理；內必幽伏，罪惡遂章。幽章之路大殊，故令奕世未蒙發起。然論者誠名信行，便以管蔡爲惡。不知管蔡之惡，乃所以令三聖爲不明也。若三聖未爲不明，則聖不祐惡，而任頑凶不容于時世，則管蔡無取私于父兄，而見任必以忠良，則二叔故爲淑善矣。今若本三聖之用明，思顯授之實理，推忠賢之闇權，論爲國之大紀，則二叔之良，乃顯三聖之用也。以流言之故，有緣周公之誅，是矣。且周公居攝，召公不悅，推此言，則管蔡懷疑，未爲不賢，而忠賢可不達權，三聖未爲用惡，而周公不得不誅。若此三聖所用信良，周公之誅得宜，管蔡之心見理，爾乃大義得通，內外兼敍，相無伐負者，則時論亦得釋然而大解也。』」

按此論未標時日，然帝幸太學問諸儒，既及管蔡事，則或爲其時稍後之作也，故置于此。又叔夜此論，亦顯以管蔡暗射毋丘儉、文欽之起兵壽春。論中所云：「今之朝議，管蔡雖懷忠抱誠，要爲罪誅；罪誅已顯，不得復理。」遂致「權事顯，實理沉」，處處爲之開脫辯護。此所以干寶、孫盛、習鑿齒諸家皆緣世語所云：「康欲舉兵應毋丘儉，故謂破儉便應殺康也。事雖不確，然康之爲儉、欽張目，蓋亦顯然可見矣。終假呂安事被殺，其因早伏於此。

夏六月丙午，改元甘露。

山濤五十二歲。

阮籍四十七歲。

王戎二十三歲。

甘露二年，丁丑。西曆二五七年二月一日至西曆二五八年二月十九日

五月辛未，帝幸辟雍。

魏志本紀曰：「五月辛未，帝幸辟雍。會命羣臣賦詩，侍中和逌，尙書陳騫等作詩稽留，有司奏免官，曰：『吾以暗昧，愛好文雅，廣延詩賦，以知得失，而乃爾紛紜，良用反仄，其原逌等。主者宜勑自今以後，羣臣皆當玩習古義，脩明經典，稱朕意焉。』」

山濤五十三歲。

阮籍四十八歲。

嵇康三十五歲。

王戎三十四歲。

類聚四十八引王隱晉書曰：「王戎名位清貴，二十四爲吏部郎。」今按文選王儉褚淵碑文注引臧榮緒晉書曰：「裴楷，字叔則，河東人也，爲尙書郎。吏部郎闕，太祖問其人於鍾會，會曰：『裴楷清通，王戎簡要，皆其選也。』是以楷爲吏部郎。」世說賞譽篇注曰：「按諸書皆云鍾會薦裴楷、王戎於晉文王，文王辟以爲掾，不聞爲吏部郎。」唐修晉書楷傳亦以吏部郎歸之於楷，然並存臧書、劉注之說云：「楷字叔則，……鍾會薦之於文帝，辟相國掾，遷尙書郎。吏部郎缺，文帝問其人於鍾會，……於是以楷爲吏部郎。」是知王隱晉書說之難以成立矣。

甘露三年，戊寅。西曆二五八年二月二十日至西曆二五九年二月九日

夏五月，命大將軍司馬昭爲相國，封晉公，加九錫，前後九讓，乃止。

阮籍四十九歲，爲太傅鄭沖撰勸進辭。

文選注引臧榮緒晉書曰：「鄭沖，字文和，滎陽人也，位至太尉。」又曰：「魏帝封晉太祖爲晉公，太原等十郡爲邑，進位相國，備禮九錫，太祖讓不受，公卿將校皆詣府勸進，阮籍爲其辭。」

文選引其爲鄭沖勸晉王牋曰：「沖等死罪，伏見嘉命顯至，竊聞明公固讓，沖等眷眷，實

有愚心。以爲聖王作制，百代同風，褒德賞功，有自來矣。昔伊尹，有莘氏之媵臣耳，一佐成湯，遂荷阿衡之號；周公藉已成之勢，據既安之業，光宅曲阜，奄有龜蒙；呂尚，磻溪之漁者，一朝指麾，乃封營丘。自是以來，功薄而賞厚者，不可勝數，然賢哲之士，猶以爲美談。況自先相國以來，世有明德，翼輔魏室，以綏天下，朝無闕政，民無謗言。前者明公西征靈州，北臨沙漠，榆中以西，望風震服，羌戎東馳，廻首內向；東誅叛逆，全軍獨尅，禽闔閭之將，斬輕銳之卒，以萬萬計。威加南海，名懾三越，宇內康寧，苛慝不作，是以殊俗畏威，東夷獻舞。聖上覽乃昔以來禮與舊章，開國光宅，顯茲太原，明公宜承聖旨，受茲介福，允當天人。元功盛勳，光光如彼；國土嘉祚，巍巍如此。內外協同，靡愆靡違。由斯征伐，則可朝服濟江，掃除吳會，西塞江源，望祀岷山，迴戈弭節，以麾天下，遠無不服，邇無不肅。今大魏之德，光于唐虞；明公盛勳，超于桓文。然後臨滄州而謝支伯，登箕山而揖許由，豈不盛乎？至公至平，誰與爲鄰，何必勤勤小讓也哉？沖等不通大體，敢以陳聞。」

按晉書籍傳曰：「會帝讓九錫，公卿將勸進，使籍爲其辭。籍沉醉忘作，臨詣府，往取之，見籍方據桉醉眠，使者以告，籍便書桉便寫之，無所改竄，辭甚淸壯，爲時所重。」此雖傳聞之言，然固嗣宗得意之筆也。設非有意成文，文辭何能淸壯若是。

秋八月丙寅，以王祥爲三老，鄭小同爲五更。

山濤五十四歲，自驃騎將軍從事中郎，拜趙國相。

唐修晉書本傳曰：「轉驃騎將軍王昶從事中郎，久之，拜趙國相。」

按王昶於是年秋八月甲戌，自驃騎將軍轉司空，濤之遷或在其先。以本傳固言其在驃騎將軍從事中郎位久之，故置於此，或不甚相遠也。

嵇康三十六歲。

王戎二十五歲。

甘露四年，乙卯。西曆二五九年二月十日至西曆二六〇年一月二九日

山濤五十五歲，議以嵇康自代，事不行。

嵇康三十七歲，自河東還。

康與濤絕交書云：「前年從河東還，顯宗阿都說足下議以吾自代，事雖不行，知足下故不知之。」

絕交書成于景元二年，前年者，甘露四年也。

阮籍五十歲。

王戎二十六歲。

甘露五年，庚辰。西曆二六〇年一月三十日至西曆二六一年二月十六日。

夏四月，詔進大將軍司馬昭位爲相國，封晉公，加九錫。

五月己丑，帝崩，時年二十。

魏志本紀注引漢晉春秋曰：「帝見威權日去，不勝其忿，乃召侍中王沈、尙書王經、散騎常侍王業，謂曰：『司馬昭之心，路人所知也。吾不能坐受廢辱，今日當與卿自出討之。』沈、業奔走告文王，文王爲之備。帝遂帥僮僕數百，鼓噪而出。成濟前刺帝，刃出於背。……」

六月甲寅，立常道鄉公奐，大赦，改元景元。

十二月甲午，以司隸校尉王祥爲司徒。

山濤五十六歲。

阮籍五十一歲。

嵇康三十八歲。

王戎二十七歲。

常道鄉公景元二年，辛巳。西曆二六一年二月十七日至西曆二六二年二月五日

山濤五十七歲，除吏部郎。

按魏志嵇康傳注引濤行狀，謂其以景元二年除云。

嵇康三十九歲，喪母，喪兄。

按絕交書有云：「吾新失母兄之歡，意常怨切。」而絕交書固成於是年，說見後。

有思親詩。

康集引其持曰：「奈何愁兮愁無聊，恆惻惻兮心若抽，愁奈何兮悲思多，情鬱結兮不可化，奄失恃兮孤煢煢，內自悼兮啼失聲，思報德兮邈已絕，感鞠育兮情剝裂，嗟母兄兮永潛藏，想形容兮內摧傷，感陽春兮思慈情，欲一見兮路無因，望南山兮發哀歎，感机杖兮涕汍瀾，念疇昔兮母兄在，心逸豫兮壽四海，忽已逝兮不可追，心窮約兮但有悲，上空堂兮廓無依，覩遺物兮心崩摧，中夜悲兮當告誰，獨收淚兮抱哀戚，日遠邁兮思予心，戀所生兮淚不禁，慈母沒兮誰與驕，顧自憐兮心忉忉，訴蒼天兮天不聞，淚如雨兮歎青雲，欲棄憂兮尋復來，痛殷殷兮不可裁。」

有與阮德如詩一首：

康集引其詩曰：「含哀還舊廬、感切傷心肝，良時遘數子，談慰臭如蘭，疇昔恨不早，既面倖舊歡，不悟卒永離，念隔增憂歎，事故無不有，別易會良難，郢人忽已逝，匠石寢不言，澤雉窮野草，靈龜樂泥蟠，榮名穢人身，高位多災患，未若捐外累，肆志養浩然，顏氏希有虞，隰子慕黃軒，涓彭獨何人，唯志在所安，漸漬殉近欲，一往不可攀，生生在豫積，勿以怵自寬，南土旱不涼，衿計宜早完，君其愛德素，行路愼風寒，自力致所懷，臨文情辛酸。」

按此既云「含哀還舊廬，感切傷心肝」，當係追念慈母，故置於喪母之後。

有與山巨源絕交書，以濤舉康以自代也。

魏志王粲傳注引魏氏春秋曰：「及山濤爲選曹郎，舉康自代，康答書拒絕，因自說不堪流俗，而非薄湯武。」又引山濤行狀曰：「濤始以景元二年除吏部郎耳。」由是可知康之與濤絕交書當成於是年。文選引錄絕交書云：「康白：足下昔稱吾於潁川，吾常謂之知言，然經怪此意尙未孰悉于足下，何從便得之也。前年從河東還，顯宗阿都說，足下議以吾自代，事雖未行，知足下固不知之。足下傍通，多可而少怪，吾直性狹中，多所不堪，偶與足下相知耳。間聞足下遷，惕然不喜，恐足下羞庖人之獨割，引尸祝以自助，手薦鸞刀，漫之羶腥，故具為足下陳其可否。吾昔讀書，得并介之人，或謂無之，今乃信其真有耳。性有所不堪，真不可强，今空語同知有達人，無所不堪，外不殊俗，而內不失正，與一世同其波流，而悔吝不生耳。老子、莊周，吾之師也，親居賤職；柳下惠、東方朔，達人也，安乎卑位，吾豈敢短之哉？又仲尼兼愛，不羞執鞭，子文無欲卿相，而三登令尹，是乃君子思濟物之意也。所謂達能兼善而不渝，窮則自得而無悶，以此觀之，故堯、舜之君世，許由之巖棲，子房之佐漢，接輿之行歌，其揆一也。仰瞻數君，可謂能遂其志者也。故君子百行，殊塗而同致，循性而動，各附所安，故有處朝廷而不出，入山林而不反之論。且延陵高子臧之風，長卿慕相如之節，志氣所託，不可奪也。吾每讀尙子平臺孝威傳，慨然慕之，想其為人。加少孤露，母兄見驕，不涉經學。性復疏懶，筋駑肉緩。頭面常一月十五日不洗，不大悶癢，不能沐也。每常小便而忍不起，令胞中略轉乃起耳。又縱逸來久，情意傲散。簡與禮相背，嬾與慢相成。而為儕輩見寬，不攻其過。又讀莊、老，重增其放。故使榮進之心日頹，任實之情轉篤。此猶禽鹿，少見馴育，則服從教制，長而見羈，則狂顧頓纓，赴蹈湯火。雖飾以金鑣，饗以嘉肴，愈思長林，而志在豐草也。阮嗣宗口不論人過，吾每思之，而未能及。至性過人，與物無傷，唯飲酒過差耳。至爲禮法之士所繩，疾之如讎，幸賴大將軍保持之耳。吾以不如嗣宗之賢，而有弛慢之闕。又不識人情，闇於機宜。無萬石之愼，而有好盡之累。久與事接，疵釁日興，雖欲無患，其可得乎。又人倫有禮，朝廷有法，自惟至熟，有必不堪者七，甚不可者二：臥喜晚起，而當關呼之不置，一不堪也；抱琴行吟，弋釣草野，而吏卒守之，不得妄動，二不堪也；危坐一時，痺不得搖，性復多蝨，把搔無已，而當裹以章服，揖拜上官，三不堪也；素不便書，又不喜作書，而人間多事，堆案盈几，不相酬答，則犯教傷義，欲自勉强，則不能之，四不堪也；不喜弔喪，而人道以此爲重，已爲未見恕所怨，至欲見中傷者，雖懼然自責，然性不可化，欲降心順俗，則詭故不情，亦終不能獲無咎無譽如此，五不堪也；不喜俗人，而當與之共事，或賓客盈坐，鳴聲聒耳，囂塵臭處，千變百伎，在人目前，六不堪也；心不耐煩，而官事鞅掌，萬機纏其心，世故煩其慮，七不堪也。又每非湯武而薄周孔，在人間不止此事，會顯世教所不容，此甚不可一也；剛腸疾惡，輕肆直言，遇事便發，此甚不可二也。以促中小心之性，統此九患，不有外難，當有內病，寧可久處人間邪？又聞道士遺言，餌朮黃精，令人久壽，意甚信之。遊山澤，觀魚鳥，心甚樂之，一行作吏，此事便廢，又安能舍其所樂，而從其所懼哉？夫人之相知，貴識其天性，因而濟之。禹不偪伯成子高，全其節也；仲尼不假蓋于子夏，護其短也；近諸葛孔明不偪元直以入蜀；華子魚不强幼安以卿相，此可謂能相終始，眞相知者也。足下見直木，必不可以爲輪，曲者不可以爲桷，蓋不欲以枉其天才，令得其所也。故四民有業，各以得志爲樂，唯達者爲能通之，此足下度內耳。不可以自見好章甫，强越人以文冕也；已嗜臭腐，養鴛雛以死鼠也。吾頃學養生之術，方外榮華，去滋味，遊心于寂寞，以無爲爲貴，縱無九患，尙不顧足下所好者。又有心悶疾，頃轉增篤，私意自試，不能堪其所不樂，自卜已審，若道盡塗窮則已耳。足下無事寃之，令轉于溝壑也。吾新失母、兄之歡，意常悽切，女年十三，男年八歲，未及成人，況復多病，顧此悢悢，如何可言。今但願守陋巷，敎養子孫，時與親舊敍闊，陳說平生，濁酒一盃，彈琴一曲，志願畢矣。足下若嬲之不置，不過欲爲官得人，以益時用耳。足下舊知吾潦倒麤疏，不切事情，自惟亦皆不如今日之賢能也。若以俗人皆喜榮華，獨能離之，以此爲快，此最近之可得言耳。然使長才廣度，無使不淹，而能不營，乃可貴耳。若吾多病困，欲離事自全，以保餘年，此眞所乏耳。豈可見黃門而稱貞哉！若趣欲共登王塗，期於相致，時爲懽益，一旦迫之，必發其狂疾，自非重怨，不至於此也。野人有快炙背而美芹子者，欲獻之至尊，雖有區區之意，亦已疏矣。願足下勿似之，其意如此，既以解足下，並以爲別。嵇康白。」

按由此書觀之，嵇、山之交初非深也。後人豔稱竹林七賢，則七賢之交蓋亦可知矣。

調解呂安、巽兄弟交惡事。

康集載其與呂長悌絕交書，景元三年所作，據之知其事固發生於二年。魏志本傳注引魏氏春秋曰：「會巽淫安妻，而誣安不孝。」安爲康至友，自義不容辭。安，巽庶弟，俊才。妻美，巽使婦人醉而幸之（見文選思舊賦注引干寶晉紀）。康與呂長悌絕交書言康調解之始末云：「昔與足下年時相比，以數面相親，足下篤意，遂成大好，由是許足下以至交。雖出處殊途，而歡愛不衰也。及中間，少知阿都志力開悟，每喜足下家復有此弟。而都去年向吾有言，誠忿足下，意欲發擧，吾深抑之。亦自恃，每謂足下不得迫之，故從吾言，間令足下，因其順吾，與之順親，蓋惜足下門戶，欲令彼此無恙也。又足下許吾終不擊都，以子父六人爲誓，吾乃慨然感足下，重言慰解都，都遂釋然，不復興意。……都之含忍，實由吾言。……」

阮籍五十二歲。

王戎二十八歲。

景元三年，壬午。西曆二六二年二月六日至西曆二六三年一月二六日

山濤五十八歲。

阮籍五十三歲。

嵇康四十歲，以呂安入獄事，與安庶兄巽絕交。

文選思舊賦注引干寶晉紀曰：「安，巽庶弟，俊才。妻美，巽使婦人醉而幸之。醜惡發露，巽病之，告安謗己（注引魏氏春秋於其事，作「誣安不孝」。）。巽於鍾會有寵，太祖遂徙安邊郡。遺書與康：昔李叟入秦，及關而歎云云。太祖惡之，追取下獄。」

康集引其絕交書云：「康白：昔與足下年時相比，……都遂釋然，不復興意。（並見前引）足下陰自阻疑，密表繫都，先首服誣都，此爲都故信，吾又無言，何意足下苞藏禍心邪？都之含忍足下，實由吾言，今都獲罪，吾爲負之；吾之負都，由足下之負吾也。悵然失圖，復何言哉！若此無心，復與足下交矣。古之君子，絕交不出醜言，從此別矣，臨別恨恨。嵇康白。」

安引康爲證，因牽連入獄。

文選思舊賦注引魏氏春秋曰：「康寓居河內之山陽。鍾會為大將軍所昵，聞而造之，乘肥衣輕，賓從如雲，康方箕踞而鍛，會至，不為禮，會深恨之。康與東平呂昭子巽友，弟安親善。會巽淫安妻徐氏，而誣安不孝，囚之。安引康為證，義不負心，保明其事。安亦至烈，有濟世志，鍾會勸大將軍因此除之，殺安及康。」是康之入獄，乃司馬氏排除異已，故入人罪之一端也。

有幽憤詩。

文選幽憤詩注引魏氏春秋曰：「康及呂安事，為詩自責。」詩云：「嗟余薄祜，少遭不造，哀煢靡識，越在襁褓。母兄鞠育，有慈無威。恃愛肆姐，不訓不師。爰及冠帶，馮寵自放，抗心希古，任其所尚。託好老莊，賤物貴身，志在守樸，養素全眞。曰予不敏，好善闇人，子玉之敗，屢增惟塵。大人含弘，藏垢懷恥。民之多僻，政不由己。惟此褊心，顯明臧否，感悟思愆，怛若創痏。欲寡其過，謗議沸騰。性不傷物，頻致怨憎。昔慚柳下，今愧孫登，內負宿心，外恧良朋。仰慕嚴鄭，樂道閑居，與世無營，神氣晏如。咨余不淑，嬰累多虞，匪降自天，實由頑疏，理弊患結，卒致囹圄；對答鄙訊，縶此幽阻。實恥訟寃，時不我與。雖曰義直，神辱志沮，澡身滄浪，豈云能補？雍雍鳴雁，厲翼北遊，順時而動，得意無憂。嗟我憤嘆，曾莫能儔。事與願違，遘茲淹留。窮達有命，亦又何求？古人有言，善莫近名，奉時恭默，咎悔不生。萬石周慎，安親保榮。世務紛紜，祇攪予情。安樂必誡，乃終利貞。煌煌靈芝，一年三秀，予獨何人，有志不就？懲難思復，心焉內疚，庶勗將來，無馨無臭。采薇山阿，散髮岩岫。永嘯長吟，頤性養壽。」

文選五臣注引呂向曰：「叔夜為呂安事，連罪收繫，遂作此詩。憤，怨也。言幽怨者，人莫能見明也。」

復作家誡一篇。

人無志，非人也。但君子用心，所欲準行，自當量其善者，必擬議而後動，若志之所之，則口與心誓，守死無二，恥躬不逮，期於必濟。若心疲體懈，或牽於外物，或累於內欲，不堪近患，不忍小情，則議於去就；議於去就，則二心交爭；二心交爭，則向所見役之情勝矣。或有中道而廢，或有不成一簣而敗之。以守，則不固；以之攻，則怯弱；與之誓，則多違；與之謀，則善泄，臨樂，則肆情；處逸，則極意。故雖繁華熠熠，無結秀之勳；終年之勤，無一旦之功，斯君子所以歎息也。若夫申胥之長吟，夷齊之全潔，展季之執信，蘇武之守節，可謂固矣。故以無心守之，安而體之，若自然也，乃是守志之盛者可耳。

所居長吏，但宜敬之而已矣，不當極親密，不宜數往，往當有時，其衆人，又不當宿留，所以然者，長吏喜問外事，或時發舉則怨，或者謂人所說，無以自免也。若行寡言，備愼自守，則怨責之路解矣。其立身當淸遠，若有煩辱，欲人之盡命，託人之請求，當謙辭口謝，其素不豫此輩事，當相亮耳。若有怨急，心所不忍，可外違拒，密爲濟之，所以然者，上遠宜適之幾，中絕常人淫輩之求，下全束脩無玷之稱，此又秉志之一隅也。凡行事，先自審其可，不差于宜，宜行此事，而人欲易之，當說宜易之理。若使彼語殊佳者，勿羞折遂非也。若其理不足，而更以情求來守，人雖復云云，當堅執所守，此又秉志之一隅也。不須行小小束脩之意氣，若見窮乏而有可以賑濟者，便見義而作。若人從我，欲有所求，先自思省，若有所損廢，多于今日，所濟之義少，則當權其輕重而拒之，雖復守辱不已，猶當絕之，然大率人之告求，皆彼無我有，故來求我，此爲與之多也，自不如此而爲輕竭：不忍面言，强副小情，未爲有志也。夫言語，君子之機，機動物應，則是非之形著矣，故不可不愼。若于意不善了，而本意欲言，則當懼有不了之失，且權忍之，後視向不言此事，無他不可，則向言或有不可，然則能不言，全得其可矣。且俗人傳吉遲，傳凶疾，又好議人之過闕，此常人之議也。坐言所言，自非高議，但是動靜消息，小小異同，但當高視，不足和答也。非義不言，詳靜敬道，豈非寡悔之謂。人有相與變爭，未知得失所在，愼勿豫也，且默以觀之，其非行自可見。或有小是不足是，小非不足非，至竟可不言以待之，就有人問者，猶當辭以不解，近論議亦然。若會酒坐，見人爭語，其形勢似欲轉盛，便當亟舍去之，此將鬭之兆也。坐視必見曲直，黨不能不有言，有言必是在一人，其不是者方自謂爲直，則謂曲我者有私于彼，便怨惡之情生矣，或便獲悖辱之言。正坐視之，大見是非而爭不了，則仁而無武，于義無可，當遠之也。然都大爭訟者，小人耳，正復有是非，共濟汗漫，雖勝，可足稱哉。就不得遠，取醉爲佳，若意中偶有所諱，而彼必欲知者，共守大不已，或却以鄙情，不可憚此小輩，而爲所攙引，以盡其言，今正堅語不知不識，方爲有志耳。自非知舊鄰比，庶幾已下，欲請呼者，當辭以他故，勿往也。外榮華則少欲，自非至急，終無求欲，上美也。不須作小小卑恭，當大謙裕；不須作小小廉恥，當全大讓。若臨朝讓官；臨義讓生；若孔文舉求代兄死，此忠臣烈士之節。凡人自有公私，愼勿强知人知，彼知我知之，則有忌于我，今知而不言，則便是不知矣。若見竊語私議，便舍起，勿使忌人也。或時逼迫强與我共說，若其言邪險，則當正色以道義正之。何者？君子不容僞薄之言故也。一旦事敗，便言某甲昔知吾事，以宜備之深也。凡人私語無所不有，宜預以爲意，見之而走者何哉？或偶知其私事，與同則可，不同則彼恐事泄，思害人以滅迹也。非意所欽者，而來戲調，蚩笑人之闕者，但莫應從。小共轉至于不共，而勿大冰矜趣，以不言答之，勢不得久，行自止也。自非所監臨，相與無他，宜適有壺榼之意，束修之好，此人道所通，不須逆也。過此以往，自非通穆，匹帛之饋，車服之贈，當深絕之，何者？常人皆薄義而重利，今以自竭者，必有爲而作，鬻貨徼歡，施而求報，其俗人之所甘願，而君子之所大惡也。……又慣不須離摟强勸人酒，不飲自己，若人來勸己，輒當爲持之，勿請勿逆也，見醉薰薰便止，愼不當至困醉，不能自裁也。

終以罪誅。

世說雅量篇注引文士傳曰：「呂安罹事，康詣獄以明之。鍾會廷論康曰：『今皇道開明，四海風靡，邊鄙無詭隨之民，街巷無異口之義。而康上不臣天子，下不事王侯，輕時傲世，不爲物用，無益於今，有敗於俗。昔太公誅華士，孔子戮少正卯，以其負才，亂羣惑衆也。今不誅康，無以清絜王道。』於是錄康閉獄。臨死，而兄弟親戚咸與共別，康顏色不變，問其兄曰：『向以琴來不邪？』兄曰：『以來。』康取調之，爲太平引，曲成，歎曰：『太平引於今絕也。』」

又引王隱晉書曰：「康之下獄，太學生數千人請之。于時豪俊，皆隨康入獄，悉解喻，一時散遣。康竟與安同誅。」

於此，亦可以窺知叔夜夙日行事，及所以遭誅之主因也。與前引管蔡論可並看。

又唐修晉書山濤傳曰：「康後坐事，臨誅，謂子紹曰：『巨源在，汝不孤矣。』」按叔夜既以濤舉以自代而絕之，臨誅，豈有此語，殊非叔夜之夙日爲人也。時女年十四，子紹年九歲。

向秀因州計入洛。

文選思舊賦注引臧榮緒晉書曰：「向秀，字子期，河內懷人也。始有不羈之志，與嵇康、呂安友。康既被誅，秀應本州計入洛。太祖問曰：『聞有箕山之志，何以在此？』秀曰：『以爲巢許未達堯心，是以來見。』」

按子期雖依從叔夜，其治學、說理初未相同。而所以應州計以入洛者，固亦由時勢而致，不得不然也。然其本非有「箕山之志」，亦屬事實，故曰「以爲巢許未達堯心」云。

壬戌二十九歲。

景元四年，癸未。西曆二六三年一月二七日至西曆二六四年二月十四日冬十月，司馬昭始受相國、晉公、九錫之命。

十一月，大赦。自鄧艾、鍾會率衆伐蜀，所至輒克。是月，蜀主劉禪詣艾降，巴蜀皆平。

山濤五十九歲。

阮籍五十四歲，卒。

全三國文五十三引魏散騎常侍步兵校尉東平相阮嗣宗碑曰：「先生諱籍，字嗣宗，陳留尉氏人也。厥遠祖陶化于上世，而先生弘美于後代。詩所載阮國，則是族之本也。先生承命世之美，希達節之度。得意忘言，尋妙于萬物之始；窮理盡性，研幾于幽明之極。和光同略，盡生莫能屬也。確不可拔，當塗莫能貴也。或出或處，與時升降；或默或語，與世推移。望其形者，猶登嶽涉海，蕩然無以究其高，測其深；覽其神者，猶旁璞親珪，肅然無不欽其寶，而偉其奇也。不屑夷齊之潔，故其淸不可尙也。不履惠連之汙，故其道不可屈也。蘧瑗昇降于卷舒，甯武去就于愚智，顧盼二子，不亦泰如。危宗廟之犧，安不靈之龜，故無孤憤之逼，而有塗中之廣。觀屈轂鳴雁，是以處才不才之間；察巨瓠緯帶，是以遊有用之際。夸大辨而御之以訥，資大白而洿之以辱。爲無爲而名不能累也，事無事而世不能役也。訪垂天之翼于寂寞之域，投芒刀之穎于有解之會，固恢恢必餘地，豈若接輿被張以養生，於陵觀園以求實，齷齪近步，修軌轍而已哉。尼父議老氏于遊龍，衞賜譬重仞于日月，揆之先生，其殆庶幾乎？方將攀逸駕于洪涯，邈遐軌于巢州，跨宇宙以高挹，陵雲霄以優遊，享年如干，遘病而卒。于是遠鑒之士，有識之徒，先生之沒，夫豈不慨然臨豪傑而存惠子之間，運斧斲而思郢人之工，乃探頤索隱，以敍雅操，使將來君子，知莊生之迹，略擧其志，埤之曰：峩峩先生，天挺無欲，玄虛恬淡，混齊榮辱，盪滌穢累，婆娑山足，胎胞造化，韜韞光燭，鼓棹滄浪，彈冠嶠岳，頤神大素，簡邁世局，澄之不清，溷之不濁，翺翔區外，遺物庶俗，隱處巨室，反眞歸漠，汪汪淵源，邁迹圖錄。」

嚴可均自注曰：「廣文選作嵇叔夜，誤。楊愼丹鉛總錄以爲東平太守嵇叔良撰，未詳何據，文不他見，故列此，俟考。」

壬戌三十歲。

景元五年，甲申。西曆二六四年二月十五日至西曆二六五年二月二日

春正月壬辰，以鍾會、衞瓘密白鄧艾有反狀，詔以檻車徵鄧艾，昭自將大軍從帝幸長安。

山濤六十歲，以大將軍從事中郞，行軍司馬，鎭鄴。

晉書本傳云：「遷大將軍從事中郞。鍾會作亂於蜀，而文帝將西征，時魏氏諸王公並在鄴

，謂濤曰：『西偏，吾自了之，後事深以委卿。』以本官行軍司馬，給親兵五百人，鎮鄴。」

衞瓘執艾父子，會統衆欲謀反，爲亂軍所殺。

晉書王戎傳曰：「鍾會伐蜀，過與戎別，問計將安出，戎曰：『道家有言，爲而不恃，非成功難，保之難也。』及會敗，議者以爲知言。」

魏志鍾會傳曰：「有才數技藝，而博學精練名理。……會嘗論易無互體，才性同異。及會死後，於會家詩書二十篇，名曰道論，而實刑名家也，其文似會。初，會弱冠，與山陽王弼並知名。」

世說文學篇云：「鍾會撰四本論。」注曰：「四本者，言才性同、才性異、才性合、才性離也。尚書傅嘏論同、中書令李豐論異、侍郎鍾會論合、屯騎校尉王廣論離。」

按前之倡四本者，今並亡，然則談坐益衰，故世說文學篇注引晉陽秋引衞瓘之說，以爲「昔何平叔諸人沒，常謂淸言盡矣」。注復引王隱晉書曰：「衞瓘有名理，及與何晏、鄧颺等數共談講。」是今之談者，唯得一衞瓘耳。

三月己卯，進晉公爵爲王，增封十郡。

五月庚申，晉王奏復五等爵。

山濤封新沓子，轉相國左長史，典統別營。

晉書本傳曰：「咸熙初，封新沓子，轉相國左長史，典統別營。時帝以濤鄉閭宿望，命太子拜之。帝以齊王攸繼景帝後，素又重攸，嘗問裴秀曰：『大將軍開建未遂，吾但承奉後事耳。故立攸，將歸功於兄，何如？』秀以爲不可。又以問濤，濤對曰：『廢長立少，違禮不祥，國之安危，恒必由之。』太子位於是乃定，太子親拜謝。」

甲戌，改元咸熙。

晉王奏使司空荀顗定禮儀，中護軍賈充正法律，尙書僕射裴秀議官制，太保鄭沖總而裁焉。

八月庚寅，命中撫軍司馬炎副貳相國事。

通鑑注胡身之曰：「依五官將故事也。」

九月戊午，以炎爲撫軍大將軍。

壬戌三十一歲。

咸熙二年，乙酉。西曆二六五年二月三日至西曆二六六年二月二日

五月，魏帝加殊禮，進晉王妃曰后，世子曰太子。

八月辛卯，昭卒，太子炎嗣爲相國，晉王。
十二月壬戌，魏帝禪位於晉。
丙寅，炎卽皇帝位，大赦，改元泰始，國號晉。
丁卯，奉魏帝爲陳留王，卽宮于鄴。
山濤六十一歲，守大鴻臚，護送陳留王詣鄴。
帝懲魏氏孤立以敗，大封宗室，授以職位，得自選國中長吏。
晉書武紀：「封皇叔祖父孚爲安平王，皇叔父幹爲平原王，亮爲扶風王，伷爲東莞王，駿爲汝陰王，肜爲梁王，倫爲琅邪王，皇弟攸爲齊王，鑒爲樂安王，幾爲燕王，皇從伯父望爲義陽王，皇從叔父輔爲渤海王，晃爲下邳王，瓌爲太原王，珪爲高陽王，衡爲長沙王，子文爲沛王，泰爲隴西王，權爲彭城王，綏爲范陽王，遂爲濟南王，遜爲譙王，睦爲中山王，淩爲北海王，斌爲陳王，皇從父兄洪爲河間王，皇從父弟楙爲東平王。」
百官增封進爵各有差。
濤加奉車都尉，進爵新沓伯。
初置諫官，以散騎常侍傅玄、皇甫陶爲之。

晉書傅玄傳引玄上疏曰：「臣聞先王之臨天下也，明其大敎，長其義節，道化隆于上，清議行于下，上下相奉，人懷義心。亡秦蕩滅，先王之制，以法術相御，而義心亡矣。近者，魏武好法術，而天下貴刑名；魏文慕通達，而天下賤守節，其後綱維不攝，而虛无放誕之論盈于朝野，使天下无復清議，而亡秦之病復發于今。陛下龍興受禪，弘堯舜之化，惟未舉清遠有禮之臣以敦風節，未退虛鄙之士以懲不恪，臣是以猶敢有言。」

按由此疏可探其時風氣之一斑。

王戎三十二歲。

晉武帝泰始二年，丙戌。西曆二六六年二月二日至西曆二六七年二月十日

山濤六十二歲。

王戎三十三歲。

劉伶對策，盛言无爲之化，以无用罷。

晉書本傳曰：「泰始初，對策，盛言无爲之化，時輩皆以高第得調，伶獨以无用罷。」

按伶事蹟見於記載者極少，此條上接「嘗爲建威參軍」，然此爲咸寧以後事，殊不合，意時伶或居他官，因得對策，然以盛言无爲之化，遂以无用罷，以此亦可考見晉室之所輕

重也。

泰始三年，丁亥。西曆二六七年二月十一日至西曆二六八年一月三十日

春，三月丁卯，立子衷爲皇太子。

山濤六十三歲。

禁星氣讖緯之學。

王戎三十四歲。

泰始四年，戊子。西曆二六八年一月一日至西曆二六九年一月十八日

二月甲寅，以中軍將軍羊祜爲尚書左僕射，東莞王伷爲尚書右僕射。

山濤六十四歲，出爲冀州刺史，加寧遠將軍。

晉書本傳曰：「及羊祜執政，時人欲危裴秀，濤正色保持之，由是失權臣意，出爲冀州刺史，加寧遠將軍。冀州俗薄，無相推轂，濤甄拔隱屈，搜訪賢才，旌命三十餘人，皆顯名當時，人懷慕尚，風俗頗革。」

夏四月戊戌，太保王祥卒。

世說德行篇引王戎曰：「太保居在正始中，不在能言之流。及與之言，理中清遠，將無以

德掩其言。」

王戎三十五歲。

泰始五年，己丑。西曆二六九年二月十九日至西曆二七〇年二月七日

二月壬寅，以尚書左僕射羊祜都督荊州諸軍事，鎮襄陽；征東大將軍衞瓘都督青州諸軍事，鎮臨菑；鎮東大將軍東莞王伷都督徐州諸軍事，鎮下邳。

按帝所以佈置滅吳兵勢也。

山濤六十五歲。

王戎三十六歲。

泰始六年，庚寅。西曆二七〇年二月八日至西曆二七一年一月二七日

山濤六十六歲，自冀州刺史轉北中郎將，督鄴城守事。

據萬斯同晉方鎮年表。

王戎三十七歲。

泰始七年，辛卯。西曆二七一年一月二八日至西曆二七二年二月十五日

山濤六十七歲，入爲侍中。

據萬斯同晉將相大臣年表。

王戎三十八歲。

泰始八年，壬辰。西曆二七二年二月十六日至西曆二七三年二月四日

山濤六十八歲，遷尚書，以母老辭，除議郎。

晉書本傳曰：「遷尚書，以母老辭職。詔曰：『君雖乃心在於色養，然職有上下，旦夕不廢醫藥，且當割情，以隆在公。』濤心求退，表疏數十上，久乃見聽。除議郎，帝以濤清儉，無以供養，特給日契，加賜牀帳茵褥，禮秩崇重，時莫爲比。」

此據萬斯同晉將相大臣年表。

秋九月，吳步闡以西陵叛降晉。冬十一月，吳陸抗拔西陵，誅步闡，晉羊祜等救之不及。

王戎三十九歲，時在羊祜軍中。

晉書羊祜傳曰：「步闡之役，祜以軍法，將斬王戎，故戎憾之，每言論多毀祜。」足證此時戎在羊祜軍中。

泰始九年，癸巳。西曆二七三年二月五日至西曆二七四年一月二日

山濤六十九歲。

光祿大夫荀勗制古尺。

隋書律曆志引徐廣、徐爰、王隱等晉書云：「武帝泰始九年，中書監荀勗校大樂八音不和，始知後漢至魏尺，長於古四分有餘。勗乃部著作郎劉恭，依周禮制尺，所謂古尺也。依古尺更鑄銅律呂，以調聲韻，以尺量古器，與本銘尺寸無差。」

晉書樂志云：「泰始九年，光祿大夫荀勗，以杜夔所制律呂，校太樂揔章鼓吹八音與律呂乖錯，乃制古尺，作新律呂，以調聲韻。律成，遂班下太常揔章鼓吹清商施用，勗遂典知樂事，啓朝士解音律者共掌之。」

阮咸時爲散騎常侍，獨非之，遂因事左遷爲始平太守。

世說術解篇云：「荀勗善解音聲，時論謂之闇解。遂調律呂，正雅樂，每至正會，殿廷作樂，自調宮商，無不諧韻。阮咸妙賞，時謂神解。每公會作樂，而心謂之不調，既無一言直，勗意忌之，遂出阮爲始平太守。」注引晉諸公贊曰：「律成，散騎侍郎阮咸謂勗所造聲高，高則悲。夫亡國之音哀以思，其民困，今聲不合雅，懼非德政中和之音。必是古今尺有長短所致然，今鍾磬是魏時杜夔所造，不與勗律相應，音聲舒雅，而久不知夔所造，時人爲之，不足改易。勗性自矜，乃因事左遷爲始平太守。」

「散騎常侍」，文選五君詠注引作「中護軍長史」，疑非。唐修晉書本傳從前說，而樂志引此事始末，更曰：「後有一田父耕於野，得周時玉尺，便是天下正尺，荀試以校己所治鍾鼓金石絲竹，皆覺短一黍，於此伏咸神識，復徵阮歸。」然徵歸之事，不見于本傳，亦不見於他處，不知何據。

按咸事蹟多無年月之可循，其出爲始平太守，或以後事，因關涉音律，遂並以出之也。

王戎四十歲。

泰始十年，甲午。西曆二七四年一月二五日至西曆二七五年二月十二日

吳大司馬陸抗卒，吳主使其子晏、景、玄、機、雲分將其兵。

山濤七十歲，爲吏部尙書。

晉書本傳曰：「後除太常卿，以疾不就，會遭母喪，歸鄉里。濤年逾耳順，居喪過禮，負土成墳，手植松柏。詔曰：『吾所共致化者，官人之職是也。方今風俗陵遲，人心進動，宜崇明好惡，鎭以退讓。山太常雖尙居諒闇，情在難奪，方今務殷，何得遂其志邪？其以濤爲吏部尙書。』濤辭以喪病，章表懇切。會元皇后崩，遂扶輿還洛，逼迫詔命，自力就職。前後選舉，周偏內外，而並得其才。」

按元皇后，楊皇后也，崩於十年，故知巨源之不就太常，復爲吏部，並在其時之稍後。

舉嵇紹爲秘書丞。

紹，康子。前引晉書山濤傳，言康臨誅，謂紹曰：「巨源在，汝不孤矣！」事當因此而誤傳衍生。時紹年二十一。

復舉阮咸爲吏部郎，三上，不用。

文選五君詠注引曹嘉之晉紀曰：「山濤舉咸爲吏部郎，三上，武帝不能用也。」

世說賞譽篇注引名士傳曰：「阮咸，字仲容，陳留人，籍兄子也。任達不拘，當世皆怪其所爲，及與之處，少嗜欲，哀樂至到，過絕於人，然後皆忘其向議。爲散騎郎（按前引諸條作散騎侍郎，揆之此事，當以散騎郎爲可信），山濤舉爲吏部，武帝不用。太原郭弈見之心醉，不覺嘆服。解音，好酒以卒。」

又引山濤故事曰：「吏部郎史曜出處缺，當選，濤薦咸曰：『眞素寡欲，深識清濁，萬物不能移也。若在官人之職，必妙絕於時。』詔用陸亮。」

又引晉陽秋曰：「咸行己多達禮度，濤舉以爲吏部郎，世祖不許。」

又引竹林七賢論曰：「山濤之舉阮咸，固知上不能用，蓋惜曠世之儁，莫識其意故耳，以咸之所犯方外之意，稱其淸眞寡欲，則迹外之意自見耳。」

壬戌四十一歲。

咸寧元年，乙未。西曆二七五年二月十三日至西曆二七六年二月一日

春正月戊午朔，大赦，改元。

山濤七十一歲，轉太子少傅，加散騎常侍。

據本傳及萬斯同晉將相大臣年表。

李憙劾濤等占官稻田，上勿問。

晉書憙傳曰：「累遷司隸校射。及魏帝告禪於晉，憙以本官行司徒事，副太尉鄭沖奉策。泰始初，封祁侯。憙上言：『故立進令劉友，前尙書山濤，中山王睦，故尙書僕射武陔，各占官三更稻田，請免濤、睦等官；陔已亡，請貶謚。』詔曰：『法者，天下取正，不避親貴，然後行耳。吾豈將枉縱其間哉？然案此事，皆是友所作，侵剝百姓，以謬惑朝士，姦吏乃敢作此，其考竟友，以懲邪佞。濤等不貳其過者，皆勿有所問。易稱：王臣謇謇，匪躬之故。今憙亢志在公，當官而行，可謂邦之司直者矣。光武有云：貴戚且斂手，以避二鮑。豈其然乎！其申勅羣寮，各愼所司，寬宥之恩，不可數遇也。』憙爲二代司隸，朝野

稱之，以公事免。」

上祖右濤等，實了然可見。而占官田，亦自爲當時風氣，熹雖欲正之，卒不可得也。濤固示人以清儉者，泰始八年，上曾加恩，特給日契，加賜牀帳茵褥，以資供養老母。其先，猶有一次，濤傳曰：「拜趙國相，遷尚書吏部郎，文帝與濤書曰：『足下在事清明，雅操邁時，念多所乏，今致錢二十萬，穀二百斛。』魏帝嘗賜景帝春服，帝以賜濤。又以母老，拜贈藜杖一枚。」，濤之固示人以清儉者，猶然如是，他人可知。

按熹傳時日顛倒，今既云「前尚書山濤」，因以置於濤去尚書之後。

王戎四十二歲。

咸寧二年，丙申。西曆二七六年二月二日至西曆二七七年二月十九日

冬十月，以汝陰王駿爲征西大將軍，平南將軍羊祜爲征南大將軍。

山濤七十二歲。

王戎四十三歲，爲荊州刺史。

按晉書本傳于戎事多不標年時，其說云：「襲父爵、辟相國掾，歷吏部、黃門郎、散騎常侍、河東太守、荊州刺史，坐遣吏修園宅，應免官，詔以贖論。」今所以置戎刺荊州於是

年者，從萬斯同晉方鎮年表也。然疑泰始八年步闡之役，祜以軍法將斬戎時，固已在荊州刺史之任。

咸寧三年，丁酉。西曆二七七年二月二十日至西曆二七八年二月八日

從衛將軍楊珧等建議，遣諸王就國，而爲之更制戶邑。

晉書職官志云：「咸寧三年，衛將軍楊珧，與中書監荀勗，以齊王攸有時望，懼惠帝有後難，因追故司空裴秀立五等封建之旨，從容共陳時宜於武帝。以爲古者建侯，所以藩衛王室，今吳寇未殄，方岳任大，而諸王爲帥都督，封國既各不臣其統，內於事，重非宜。又異姓諸將居邊，宜參以親戚，而諸王公皆在京師，非扞城之義，萬世之固。帝初未之察，於是下詔議其制。有司奏從諸王公更制戶邑，皆中尉領兵。其平原、汝南、琅邪、扶風、齊爲大國；梁、趙、樂安、燕、安平、義陽爲次國；其餘爲小國，皆制所近縣，益滿萬戶。……大國中軍二千人，上下軍各五百人；次國上軍二千人，下軍千人。其未之國者，大國置守土百人，次國八十人，小國六十人。……奏遣就國。」

按此於後日八王之亂，實至具關聯，故特明之。

時賈充專政，朋黨紛然。

晉書任愷傳曰：「愷少有識量，尙魏明帝女，累遷中書侍郎，員外散騎常侍。晉國建，爲侍中，封昌國縣侯。愷有經國之幹，萬機小大，多管綜之，性忠正，以社稷爲己任。帝器而昵之，政事多諮焉。……愷惡賈充之爲人也，不欲令久執朝政，每裁抑焉。充病之，不知所爲。……充既爲帝所遇，欲專名勢，而庾純、張華、溫顒、向秀、和嶠之徒皆與愷善，楊珧、王恂、華廙等，充所親敬，於是朋黨紛然。帝知之，召充、愷宴於式乾殿，而謂充等曰：『朝廷宜一，大臣當和。』充、愷各拜謝而罷，既而充、愷等以帝已知之而不責，結怨愈深，外甚崇重，內甚不平。」其後，充乃薦愷爲吏部尙書，愷侍覲轉希；充因與荀勗、馮紞承間共譖之，愷由是得罪，廢於家。

通鑑置此條於泰始八年，晉太子衷納充女爲妃之年也。然意以爲既詔遣諸王就國，朝廷之內遂成此形勢，故置於咸寧三年。

向秀隨次轉至黃門侍郎，散騎常侍。

據世說言語篇注引秀別傳。而秀既與朋黨之爭，親任愷，自非如唐修晉書本傳所云「在朝不任職，客迹而已」，其後，「卒于任」。

山濤七十三歲。

王戎四十四歲。

咸寧四年，戊戌。西曆二七八年二月九日至西曆二七九年一月二九日

山濤七十四歲，三月辛酉，除尚書僕射，加侍中，領吏部。

按武紀但作「以尚書右僕射山濤爲尚書左僕射」，不知何據，今但從本傳，亦萬斯同晉將相大臣年表所主者。

本傳曰：「除尚書僕射，加侍中，領吏部，固辭以老疾，上表陳情。章表數十上，久不攝職。爲左丞白裒所奏，帝曰：『濤以病自聞，但不聽之耳。使濤坐執銓衡則可，何必上下邪？不得有所問。』濤不自安，表謝曰：『古之王道，正直而已。陛下不可以一老臣爲加曲私，臣亦何心屢塵日月，乞如所表，以章典刑。』帝再手詔曰：『白裒奏君甚妄，所以不即推直，不喜凶赫耳。君之明度，豈當介意邪！便當攝職，令斷章表也。』濤志必欲退，因發從弟婦喪，輒還外舍，詔曰：『山僕射近日暫出，遂以微苦未還，豈吾側席之意？其遣丞掾詔諭旨，若體力故未平康者，便以輿車輿還寺舍。』濤辭不獲已，乃起視事。濤再居選職，十有餘年，每一官缺，輒啓擬數人，詔旨有所向，然後顯奏，隨帝意所欲爲先，故帝之所用，或非舉首，衆情不察，以濤輕重任意，或譖之於帝，故帝手詔戒濤曰：『夫用

人惟才，不遺疏遠單賤，天下便化矣。』而濤行之自若，一年之後，衆情乃寢。濤所奏甄拔人物，各爲題目，時稱山公啓事。」

又鄭默傳曰：「時僕射山濤欲擧一親親爲博士，謂默曰：『卿似尹翁歸，令吾不敢復言。』默爲人敦重柔和而能整，皆此類也。」是濤自亦有所畏，非能任意輕重於其間也。

冬十月，以征北大將軍衞瓘爲尙書令。

十一月辛卯，以尙書杜預都督荊州諸軍事。

征南大將軍羊祜卒。

王戎四十五歲，遷豫州刺史，加建威將軍。

　據萬斯同晉方鎭年表。

劉伶爲建威參軍。

　晉書本傳置此條於泰始初對策事前，然濬沖其時固未嘗爲建威將軍，且他人亦未有任此職位者，故置於濬沖加建威將軍後，是亦因濬沖之提攜也。

咸寧五年，己亥。西曆二七九年一月三十日至西曆二八〇年二月十七日

山濤七十五歲。

杜預表請伐吳，許之。

通鑑卷八十言其事始末云：「帝方與張華圍碁，預表適至，華推枰斂手曰：『陛下聖武，國富兵強，吳主淫虐，誅殺賢能，當今討之，可不勞而定，願勿以爲疑。』帝乃許之。以華爲度支尙書，量計運漕。賈充、荀勗、馮紞固爭之，帝大怒，充免冠謝罪。僕射山濤退而告人曰：『自非聖人，外寧必有內憂，今釋吳爲外懼，豈非算乎！』」胡身之曰：「山濤身爲大臣，不昌言於朝，而退以告人，蓋求合於賈充者也。」

王戎四十六歲。

十一月，大擧伐吳，以賈充爲大都督，而戎出武昌。

晉書卷三武紀：「十一月，大擧伐吳。遣鎭軍將軍、琅邪王伷出涂中，安東將軍王渾出江西，建威將軍王戎出武昌，平西將軍胡奮出夏口，鎭南大將軍杜預出江陵，龍驤將軍王濬、廣武將軍唐彬率巴蜀之卒，浮江而下，東西凡二十餘萬，以太尉賈充爲大都督，行冠軍將軍楊濟爲副，總統衆軍。」

咸寧六年，庚子。西曆二八〇年一月十八日至西曆二八一年二月五日

王戎四十七歲。

春，諸軍並進，詔戎與王濬、胡奮平夏口、武昌，其後，並以兵增唐彬東下。

晉書卷三武紀：「（春正月）癸丑，王渾尅吳尋陽、賴鄉諸城。……二月戊午，王濬、唐彬等尅丹陽城。庚申，又尅西陵。……壬戌，濬又尅夷道、樂鄉城。……甲戌，杜預尅江陵，平南將軍胡奮尅江安。於是諸軍並進，樂鄉、荊門諸戍相次來降。乙亥，以濬爲都督益、梁二州諸軍事，復下詔曰：『濬、彬東下，埽除巴丘，與胡奮、王戎共平夏口、武昌，順流長鶩，直造秣陵，與奮、戎審量其宜。杜預當鎭靜零、桂，懷輯衡陽，大兵既過，荆州南境固當傳檄而定，預當分萬人給濬，七千給彬。夏口既平，奮宜以七千人給濬。武昌既了，戎當以六千人增彬。太尉充移屯項，總督諸方。』」

戎遣將攻武昌，下之。既督大軍臨江，蘄春、邾二縣守來降。

晉書卷四十三本傳曰：「戎遣參軍羅尙、劉喬領前鋒進攻武昌，吳將楊雍，孫述、江夏太守劉朗各率衆詣戎降。戎督大軍臨江，吳牙門將孟泰以蘄春、邾二縣降。」

三月壬申，王濬以舟師入石頭，吳主皓出降，吳滅。

晉書卷三武紀：「濬進破夏口，武昌，遂泛舟東下，所至皆平。王渾、周浚，與吳丞相張悌戰于版橋，大敗之，斬悌。……孫皓窮蹙，請降，送璽綬於琅邪王伷。三月壬申，王濬以舟師至于建鄴之石頭，孫皓大懼，面縛輿櫬降于軍門。」

四月乙酉，大赦，改元太康。

五月庚辰，論功行封，戎進爵安豐縣侯，增邑六千戶，賜絹六千匹。

晉書卷三武紀：「庚辰，以王濬爲輔國大將軍、襄陽侯，杜預當陽侯，王戎安豐侯，唐彬上庸侯，賈充、琅邪王以下增封。於是論功行封，賜公卿以下帛各有差。」

山濤七十六歲。

九月庚寅，濤等以天下一統，屢請封禪，不許。

晉書卷四十一魏舒傳：「舒與衞瓘、山濤、張華等，以六合混一，宜用古典封禪東嶽，前後累陳其事，帝謙讓不許。」

宋書卷十六禮志、晉書卷二十一禮志並引封禪議，具名者：尙書令衞瓘、尙書左僕射山濤、右僕射魏舒、尙書劉寔、司空張華（按華拜司空，在惠帝元康六年，此時仍爲尙書也）。

詔以天下爲一，悉去州郡兵。濤諫之，不聽。

晉書卷四十三濤傳曰：「吳平之後，帝詔天下罷軍役，示海內大安，州郡悉去兵，大郡置武吏百人，小郡五十人。帝嘗講武于宣武場，濤時有疾，詔乘步輦從，因與盧欽論用兵之本，以爲不宜去州郡武備，其論甚精。于時，咸以濤不學孫吳，而闇與之合。帝稱之曰：『天下名言也。』而不能用。及永寧之後，屢有變難，寇賊猋起，郡國皆以無備，不能制，天下遂以大亂，如濤言焉。」

通鑑考異曰：「濤傳云『與盧欽論之』，按欽，咸寧四年己卒。」按考異說是也，當從通鑑省去「盧欽」二字。

郭欽上豫防匈奴疏。

晉書卷九十七四夷傳：「侍御史西河郭欽上疏曰：『戎狄强獷，歷古爲患。魏初人寡，西北諸郡，皆爲戎居。今雖服從，若百年之後，有風塵之警，胡騎自平陽、上黨，不三日而至孟津。北地、西河、太原、馮翊、安定、上郡盡爲狄庭矣。宜及平吳之威，謀臣、猛將之略，出北地、西河、安定，復上郡，實馮翊，於平陽以北諸縣，募取死罪，徙三河、三魏見士四萬家以充之，裔不亂華，漸徙平陽、弘農、魏郡、京兆、上黨雜胡，峻四夷出入之防，明先王荒服之制，萬世之長策也。』帝不納。」

按此疏既曰「宜及平吳之威」，是或於平吳稍后之時所上，今從通鑑，置於是年。

胡身之曰：「為後諸胡亂華張本。」

太康二年，辛丑。西曆二八一年二月六日至西曆二八二年一月二五日

王戎四十八歲。

戎渡江綏慰新附，荊士悅服。

晉書卷四十三本傳言戎進爵安豐縣侯，並云：「戎渡江綏慰新附，宣揚威惠。吳光祿勳石偉，方直不容皓朝，稱疾歸家，戎嘉其清節，表薦之，詔拜偉為議郎，以二千石祿終其身，荊士悅服。」

山濤七十七歲。

濤遷右僕射，加光祿大夫，侍中，掌選如故。

晉書四十三本傳曰：「濤中立於朝，晚值后黨專權，不欲任楊氏，多有諷諫，帝雖悟而不能改。後以年衰疾篤，上疏告退曰：『臣年垂八十，救命旦夕，若有毫末之益，豈遺力於聖時，迫於老耄，不復任事。今四海休息，天下思化，從而靜之，百姓自正，但當崇風尚教以敦之耳，陛下亦復何事？臣耳目聾瞑，不能自勵，君臣父子，其間無文，是以直陳愚情，乞聽所請。』乃免冠徒跣，上還印綬。詔曰：『天下事廣，加吳士初平，凡百草創，當

其盡意化之。君不深識往心，而以小疾求退，豈所望於君邪？朕猶側席，未得垂拱，君亦何得高尚其事乎。當崇至公，勿復爲虛飾之煩。」濤苦表求退，詔又不許，尚書令衞瓘奏濤以微苦，久不視職，手詔頻煩，猶未順旨。參議以爲無專節之尙，違至公之義。若實沉篤，亦不宜居位，可免濤官。中詔瓘曰：『濤以德素，爲朝之望，而常深退讓，至于懇切，故有此詔，欲必奪其志，以匡輔不逮。主者既不思明詔旨，而反深加詆案，虧崇賢之風，以重吾不德，何以示遠近邪？』濤不得已，又起視事。太康初，遷右僕射，加光祿大夫，加侍中，掌選如故。濤以老病固辭，手詔曰：『君以道德，爲世模表，況自先帝識君遠意，吾將倚君以穆風俗，何乃欲舍遠朝政，獨高其志邪？吾之至懷，故不足以喻乎？何來言至懇切也。且當以時自力，深副至望，君不降志，朕不安席。』濤又上表固讓，不許。」

按此云「與士初平」，自是太康初年。而時衞瓘任尚書令，今考荀勗傳言勗將舉濤繼故司徒李胤，而不以瓘者，「以瓘新爲令」，此既爲三年事，則瓘之爲令，當在太康二、三年間，因繫于此，或不甚相遠。

太康三年，壬寅。西曆二八二年一月二六日至西曆二八三年二月十三日

四月庚申，賈充卒。

山濤七十八歲。

冬十二月甲申，以司空齊王攸爲大司馬、督青州諸軍事，鎭東大將軍、琅邪王伷爲撫軍大將軍，汝南王亮爲太尉，光祿大夫山濤爲司徒，尙書令衞瓘爲司空。

見晉書卷三武紀。

晉書卷三十九荀勗傳：「太康中，詔曰：『勗明哲聰達，經識天序，有佐命之功，兼博洽之才，久典內任，著勳弘茂，詢事考言，謀猷允誠，宜登大位，毗贊朝政。今以勗爲光祿大夫，儀同三司，開府辟召，守中書監，侍中，侯如故。』時太尉賈充、司徒李胤並薨，太子太傅又缺，勗表陳三公保傅，宜得其人，若使楊珧參輔東宮，必當仰稱聖意。尙書令衞瓘、吏部尙書山濤，皆可爲司徒。如以瓘新爲令，未出者，濤卽其人。帝並從之。」

此亦授職之一內情也。

濤不受職，輿疾歸家。

晉書卷四十三濤傳曰：「後拜司徒，濤復固讓，詔曰：『君年耆德茂，朝之碩老，是以授君台輔之位。而遠崇克讓，至于反覆，良用於邑。君當終始朝政，翼輔朕躬。』濤又表曰：『臣事天朝三十餘年，卒無毫釐，以崇大化。陛下私臣無已，猥授三司。臣聞德薄位高，力少任重，上有折足之凶，下有廟門之咎，願陛下垂累世之恩，乞臣骸骨。』詔曰：『君翼贊朝政，保乂皇家，匡佐之勳，朕所倚賴，司徒之職，實掌邦教，故用敬授，以答羣望，豈宜沖讓以自揖損邪？已勑斷章表，使者乃臥加章綬。』濤曰：『垂沒之人，豈可汚官府乎！』輿疾歸家。」

王戎四十九歲，遷侍中。

戎渡江綏慰新附，荊土悅服，隨即以徵聞，今從萬斯同晉將相大臣年表，置於是年。

太康四年，癸卯。西曆二八三年二月十四日至西曆二八四年二月三日

山濤七十九歲，春正月戊午卒。

晉書卷四十三本傳：「以太康四年薨，時年七十九。詔賜東園秘器、朝服一具、衣一襲、錢五十萬、布百匹，以供喪事。策贈司徒蜜印紫綬、侍中貂蟬、新沓伯蜜印青朱綬，祭以太牢，謚曰康。將葬，賜錢四十萬，布百匹。左長史范晷等上言，濤舊第屋十間，子孫不相容，帝為之立室。」是亦可以考見君臣相處之歡也。

有五子：該、淳、允、謨、簡。該嗣爵。

以魏舒領司徒。有頃，卽眞。

王戎五十歲。

太康五年，甲辰。西曆二八四年二月四日至西曆二八五年一月二一日

王戎五十一歲。

尙書左僕射劉毅上疏請除九品中正，太尉汝南王亮、司空衞瓘亦言之，帝善其言而不能聽。

閏十二月，鎭南大將軍杜預卒。

太康六年，乙巳。西曆二八五年一月二二日至西曆二八六年二月十日

王戎五十二歲。

太康七年，丙午。西曆二八六年二月十一日至西曆二八七年一月三十日

王戎五十三歲。

太康八年，丁未。西曆二八七年一月三一日至西曆二八八年二月十八日

王戎五十四歲。

太康九年，戊申。西曆二八八年二月十九日至西曆二八九年二月七日

王戎五十五歲。

太康十年，己酉。西曆二八九年二月八日至西曆二九〇年一月二七日

王戎五十六歲，遷光祿勳，吏部尚書。

據晉將相大臣年表。

晉書卷四十三戎傳言戎之徵爲侍中，「南郡太守劉肇，賂戎筒中細布五十端，爲司隸所糾，以知而未納，故得不坐，然議者尤之，帝謂朝臣曰：『戎之爲行，豈懷私苟得？正當不欲爲異耳。』帝雖以是言釋之，然爲清愼者所鄙，由是損名。戎在職雖無殊能，而庶績脩理，至是，遷光祿勳，吏部尚書。」

本傳復曰：「以母憂去職。性至孝，不拘禮制，飲酒食肉，或觀弈棋，而容貌毀悴，杖然後起。裴頠往弔之，謂人曰：『若使一慟能傷人，濬沖不免滅性之譏也。』時和嶠亦居父喪，以禮法自持，量米而食，哀毀不踰於戎，帝謂劉毅曰：『和嶠毀頓過禮，使人憂之。』毅曰：『嶠雖寢苫食粥，乃生孝耳。至於王戎，所謂死孝，陛下當先憂之。』戎先有吐疾，居喪，增甚，帝遣醫療之，並賜藥物，又斷賓客。」按此亦見於世說德行篇並注，然劉毅既卒於太康六年，是戎之喪母不當在十年也。而德行篇注引晉陽秋曰：「戎爲豫州刺史，遭母憂。」則以戎之喪母，爲咸寧間事，或稍可信。

十一月甲申，改封，新封諸王公。

晉書卷三武紀：「甲申，以汝南王亮爲大司馬、大都督、假黃鉞。改封南陽王柬爲秦王，始平王瑋爲楚王，濮陽王允爲淮南王，並假節之國，各統方州軍事。立皇太子乂爲長沙王，穎爲成都王，晏爲吳王，熾爲豫章王，演爲代王，皇孫遹爲廣陵王。立濮陽王子迪爲漢王，始平王子儀爲毗陵王，汝南王次子羕爲西陽王。徙扶風王暢爲順陽王，暢弟歆爲新野公，琅邪王覲弟澹爲東武公，繇爲東安公，漼爲廣陵公，卷爲東莞公。」

詔以劉淵爲匈奴北部都尉。

陸機、陸雲自吳入洛。

太熙元年，庚戌。西曆二九〇年一月二八日至西曆二九一年二月十五日

春正月辛酉朔，改元太熙。

夏四月辛丑，以侍中、車騎將軍楊駿爲太尉、都督中外諸軍、錄尚書事。

己酉，帝崩。是日，皇太子卽皇帝位，大赦，改元永熙，尊皇后楊氏曰皇太后，立妃賈氏爲皇后。

以太尉楊駿爲太傅，輔政。

晉書卷四十駿傳曰：「字文長，……後以后父超居重位，自鎭軍將軍遷車騎將軍。……帝

自太康以後，天下無事，不復留心萬機，惟耽酒色，始寵后黨，請謁公行。……及帝疾篤，……而駿盡斥羣公，親侍左右，因輒改易公卿，樹其心腹。……惠帝卽位，進駿爲太傅、大都督，假黃鉞，錄朝政，百官總己。慮左右間己，乃以其甥段廣、張劭爲近侍之職，凡有詔命，帝省訖，入呈太后，然後乃出。駿知賈后情性難制，甚畏憚之。又多樹親黨，皆領禁兵，於是公室怨望，天下憤然矣。」

八月壬午，立廣陵王遹爲皇太子。

王戎五十七歲，自吏部尚書遷拜太子太傅。

晉書卷四惠紀：「以中書監何劭爲太子太師，吏部尚書王戎爲太子太傅，衛將軍楊濟爲太子太保。」

又卷三十六張華傳：「惠帝卽位，以華爲太子少傅。與王戎、裴楷、和嶠俱以德望，爲楊駿所忌，皆不與朝政。」是亦可見戎遷太子太傅之根本因也。

以劉淵爲建威大將軍、匈奴五部大都督。

惠帝永平元年、辛亥。西曆二九一年二月十六日至西曆二九二年二月四日

王戎五十八歲。

春正月乙酉朔，改元永平。

賈后密召楚王瑋、淮南王允入朝。

三月辛卯，誅太傅楊駿及其黨，皆夷三族。

晉書卷四十駿傳：「殿中中郞孟觀、李肇素不爲駿所禮，陰構駿將圖社稷。賈后欲預政事，而憚駿，未得逞其所欲，又不肯以婦道事皇太后，……謀廢太后，……（賈后又令）肇報楚王瑋，……於是求入朝。……及瑋至，觀、肇乃啓帝，夜作詔，中外戒嚴，遣使奉詔廢駿，以侯就第。東安公繇率殿中四百人隨其後以討駿。……觀等受賈后密旨誅駿，親黨皆夷三族，死者數千人。」

戊轉中書令，加光祿大夫，給恩信五十人。

此條惠紀不載，見於本傳，而未有時日，今從萬氏晉將相大臣年表，以中書令蔣俊適於辛卯見誅也。

壬辰，大赦，改元元康。

賈后矯詔廢太后爲庶人，徙于金墉城。

壬寅，徵汝南王亮爲太宰，與太保衞瓘皆錄尙書事，輔政。以楚王瑋爲衞將軍，領北軍中侯。

東安公繇爲尙書左僕射，進爵爲王。

庚戌，免東安王繇，徙帶方。不聽戎之勸也。

晉書卷四十三戎傳：「駿誅之後，東安公繇專斷刑賞，威振外內。戎誡繇曰：『大事之後，宜深遠之。』繇不從，果得罪。」

賈后族兄車騎司馬模、從舅右衞將軍郭彰、女弟之子賈謐並預國政，權勢愈盛，賓客盈門。賈客有號二十四友者，皆一時之秀傑。

晉書卷四十謐傳曰：「開閣延賓，海內輻湊。……或著文章稱美謐，以方賈誼。勃海石崇、歐陽建，滎陽潘岳，吳國陸機、陸雲，蘭陵繆徵，京兆杜斌、摯虞，琅邪諸葛詮，弘農王粹，襄城杜育，南陽鄒捷，齊國左思，淸河崔基，沛國劉瓌，海南和郁、周恢，安平索秀，潁川陳眕，太原郭彰，高陽許猛，彭城劉訥，中山劉輿、劉琨，皆傅會于謐，號曰二十四友。

戎遷僕射，兼吏部尙書。

惠紀載夏四月「己巳，以太子太傅王戎爲尙書右僕射」，與本傳說不同，本傳曰：「拜太子太傅，……轉中書令，加光祿大夫，……遷尙書左僕射，領吏部。」萬氏晉將相大臣年表卽從後說，並考定戎三月轉中書令，六月遷尙書僕射兼吏部，蓋以裴楷六月命爲中書令，並加侍中也。然任尙書左僕射之東安王繇旣罷於三月庚戌，吏部尙書崔洪亦於三月罷，則戎之遷在四月己巳，當屬可能也。至右僕射，或爲左僕射之誤，今從本傳。

戎始爲甲午制，司隸傅咸奏劾，以與賈、郭通親，得不坐。

晉書卷四十三本傳曰：「遷尙書左僕射，領吏部。戎始爲甲午制，凡選擧，皆先治百姓，然後授用。司隸傅咸奏戎曰：『書稱三載考績，三載黜陟幽明，今內外羣官居職未朞，而戎奏還。旣未定其優劣，且送故迎新，相望道路，巧詐由生，傷農害政，戎不仰依堯舜典謨，而驅動浮華，虧敗風俗，非徒無益，乃有大損，宜免戎官，以敦風俗。』戎與賈、郭通親，竟得不坐。」

六月，賈后矯詔，使楚王瑋殺太宰汝南王亮、太保菑陽侯衞瓘。

乙丑，以瑋擅害亮、瓘，殺之。

晉書卷三十六瓘傳：「賈后素怨瓘，且忌其方直，不得騁己淫虐，又聞瓘與瑋有隙，遂謗瓘與亮欲爲伊、霍之事，啓帝作手詔，使瑋免瓘官。黃門齎詔授瑋，瑋性輕險，欲騁私怨，夜使淸河王遐收瓘，……遂與子恒、嶽、裔，及孫等九人同被害。」

又卷五十九亮傳：「楚王瑋有勳而好立戲，亮憚之，欲奪其兵權，瑋甚憾之。乃承賈后旨，誣亮與瓘有廢立之謀，矯詔，遣其長史公孫宏、與積弩將軍李肇夜以兵圍之，……遂爲亂兵所害。」

同卷瑋傳：「收亮、瓘殺之。岐盛說瑋可因兵勢誅賈模、郭彰；匡正王室，以安天下。瑋猶豫未決。會天明，帝用張華計，遣殿中將軍王宮齎騶虞幡，麾衆曰：『楚王矯詔。』衆皆釋杖而走，……遂下廷尉，詔以瑋矯制害二公父子，又欲誅滅朝臣，謀圖不軌，遂斬之。」

按由此數條，亦可見其時政局混亂之情形。戎處其中而得轉據高位，豈不可怪也哉！是亦賈、郭之力也。

戎遂與裴楷、張華並管機要。

晉書卷三十五楷傳：「瑋既伏誅，以楷爲中書令，加侍中，與張華、王戎，並管機要。」

八月庚申，以趙王倫爲征東將軍，都督徐、兗二州諸軍事。

辛未，立隴西世子越爲東海王。

九月甲午，以趙王倫爲征西大將軍，都督雍、梁二州諸軍事。

元康二年，壬子。西曆二九二年二月五日至西曆二九三年一月二四日

王戎五十九歲。

元康三年，癸丑。西曆二九三年一月二五日至西曆二九四年二月十一日

王戎六十歲。

元康四年，甲寅。西曆二九四年二月十二日至西曆二九五年二月一日

王戎六十一歲。

元康五年，乙卯。西曆二九五年二月二日至西曆二九六年二月二十日

王戎六十二歲。

元康六年，丙辰。西曆二九六年二月二一日至西曆二九七年二月八日

王戎六十三歲。

五月，徵征西大將軍趙王倫爲車騎將軍，以太子太保梁王肜爲征西大將軍，都督雍、梁二州諸軍事，鎭關中。

元康七年，丁巳。西曆二九七年二月九日至西曆二九八年一月二八日

王戎六十四歲，轉司徒。

晉書卷四惠紀元康七年八月條：「丁丑，司徒京陵公王渾薨。」其年「九月，以尚書右僕射王戎爲司徒，太子太師何劭爲尚書左僕射」。

又本傳：「戎以晉室方亂，慕蘧伯玉之爲人，與時舒卷，無蹇諤之節。自經典選，未嘗進寒素，退虛名，但與時浮沉，戶調門選而已。尋拜司徒，雖位總鼎司，而委事僚寀。間乘小馬，從便門而出游，見者不知其三公也。故吏多至大官，道路相遇，輒避之。性好興利，廣收八方園田，水碓周徧天下，積實聚錢，不知紀極，每自執牙籌，晝夜算計，恆若不足，而又儉嗇，不自奉養，天下人謂之膏肓之疾。女適裴頠，貸錢數萬，久而未還，女後歸寧，戎色不悅，女遽還直，然後乃懽。從子將婚，戎遺其一單衣，婚訖，而更責取。家有好李，常出貨之，恐人得種，恆鑽其核，以此獲譏于世。」

按此乃採錄世說及諸家晉書而成，觀之可以考見其人，然與少年時何其不相類也，若涼州故吏因其父渾之卒，賻贈數百萬，曾不收受，抑因世亂而故濁其外，而不異於時邪？是亦有爲而爲之者也。

戎從賈謐議，立泰始爲晉書限斷。

晉書卷四十賈謐傳：「歷位散騎常侍，後軍將軍。廣城君薨，去職，喪未終，起爲秘書監，掌國史。先是，朝廷議立晉書限斷，中書監荀勗謂宜以正始起年，著作郎王瓚欲引嘉平已下朝臣盡入晉史，于時依違未有所決。惠帝立，更使議之，謐上議，請從泰始為斷。於是事下三司，司徒王戎，司空張華，領軍將軍王衍，侍中樂廣，黃門侍郎嵇紹，國子博士謝衡，皆從謐議。騎都尉、濟北侯荀畯，侍中荀藩，黃門侍郎華混，以為宜用正始開元。博士荀熙，刁協，謂宜嘉平起年。謐重執奏戎、華之議，事遂施行。」

元康八年，戊午。西曆二九八年一月二九日至西曆二九九年二月十六日

王戎六十五歲。

元康九年，己未。西曆二九九年二月十七日至西曆三〇〇年二月六日

王戎六十六歲。

江統作徙戎論。

春正月，徵鎮西大將軍、梁王肜錄尚書事。以北中郎將、河間王顒為鎮西將軍，鎮關中；成都王穎為鎮北大將軍，鎮鄴。

十二月壬戌，賈后廢皇太子遹為庶人。

晉書卷四十三王戎傳曰：「轉司徒，以王政將圮，苟媚取容，屬愍懷太子之廢，竟無一言

匡諫。」是亦可見戎之所以處世。

永康元年，庚申。西曆三〇〇年二月七日至西曆三〇一年一月二五日

王戎六十七歲。

春正月癸亥朔，改元。

四月癸巳，梁王肜、趙王倫矯詔廢賈后爲庶人，司空張華、尙書僕射裴頠皆遇害。侍中賈謐，及黨與數十人皆伏誅。

司徒王戎坐免官。

晉書卷四十三戎傳：「裴頠，戎之壻也。頠誅，戎坐免官。」

甲午，倫矯詔大赦，自爲相國，都督中外諸軍。

八月，淮南王允舉兵討趙王倫，不剋，遇害。

永康二年，辛酉。西曆三〇一年一月二六日至西曆三〇二年二月十三日

王戎六十八歲。

春正月乙丑，趙王倫簒帝位。

丙寅，遷惠帝于金墉城，號曰太上皇。

三月，平東將軍齊王冏起兵討倫，傳檄州郡。征北大將軍、成都王穎，征南大將軍、河間王顒等皆舉兵應之。孫秀錄戎，倫子欲用爲軍司，以王繇言止。

晉書卷四十三戎傳：「齊王冏起義，孫秀錄戎於城內。趙王倫子欲取戎爲軍司，博士王繇曰：『濬沖譎詐多端，安肯爲少年用。』乃止。」

夏四月辛酉，擒斬孫秀等，遂倫歸第。遂迎惠帝還宮。戎爲尙書令。

癸亥，大赦，改元永寧。誅趙王倫及其黨。

五月，立襄陽王尙爲皇太孫。

六月甲戌，以齊王冏如大司馬、都督中外諸軍事，成都王穎爲大將軍，保尙書事，河間王顒爲太尉。

永寧二年，壬戌。西曆三〇二年二月十四日至西曆三〇三年二月二日

王戎六十九歲。

三月，皇太孫尙卒。

五月癸卯，以淸河王遐子覃爲皇太子。

以齊王冏爲太師，東海王越爲司空。

十二月丁卯，河間王顒表齊王冏窺伺神器，有無君之心。與成都王穎、新野王歆、范陽王虓同會洛陽，請廢冏還第。

戎勸冏就第，不聽。

晉書卷四十三戎傳：「惠帝反宮，以戎爲尙書令。旣而河間王顒遣使就說成都王穎，將誅齊王冏，檄書至，冏謂戎曰：『孫秀作逆，天子幽逼，孤糾合義兵，掃除元惡，臣子之節，信著神明。二王聽讒，造構大難。當賴忠謀，以和不協，卿其善爲我籌之。』戎曰：『公首擧義衆，匡定大業，開闢已來，未始有也。然論功報賞，不及有勞，朝野失望，人懷貳志。今二王帶甲百萬，其鋒不可當，若以王就第，不失故爵，委權崇讓，此求安之計也。』冏謀臣葛旟怒曰：『漢魏以來，王公就第，寧有得保妻子乎？議者可斬。』於是百官震悚，戎僞藥發墮廁，得不及禍。」

長沙王乂攻冏殺之。

大赦，改元太安。

以長沙王乂爲太尉，都督中外諸軍事。

太安二年，癸亥。西曆三〇三年二月三日至西曆三〇四年二月二一日王戎七十歲。

八月，河間王顒，成都王穎舉兵討長沙王乂。

十一月癸亥，東海王越執長沙王乂，幽於金墉城，尋為張方所害。

永安元年，甲子。西曆三〇四年二月二二日至西曆三〇五年二月十日

王戎七十一歲。

春正月丙午，大赦，改元永安。

以成都王穎為丞相，穎屯兵城門，殺宿所忌者，並以三部兵代侍衞。

二月乙酉，廢皇后羊氏，黜皇太子覃。

三月，河間王顒表請立穎為皇太弟，許之。

秋七月丙申朔，右衞將軍陳昣，以詔召百寮入殿中，因勒兵討成都王穎。

戊戌，大赦，復皇后羊氏及太子覃。

己亥，帝北征至安陽，六軍敗績于蕩陰，穎將石超送帝幸鄴。

戎隨從北征，因復詣鄴。

晉書卷四惠紀：「己亥，司徒王戎、東海王越、高密王簡、平昌公模、吳王晏、豫章王熾

、襄陽王範、右僕射荀藩等奉帝北征，至安陽，衆十餘萬。穎遣其將石超距戰。己未，六軍敗績于蕩陰，矢及乘輿，百官分散，侍中嵇紹死之，帝傷頰，中三矢，亡六璽，帝遂幸超軍。……超遣弟熙，奉帝之鄴，穎帥羣官迎謁道左，……其夕，幸于穎軍，……明日，乃備法駕幸于鄴。唯豫章王熾、司徒王戎、僕射荀藩從。」

庚申，大赦，改元建武。

八月戊辰，張方復入洛陽，廢皇后羊氏及皇太子覃。

匈奴左賢王劉淵反於離石，自號太單于。

安北將軍王浚遣騎攻鄴，穎與帝單車走洛陽。

戎隨帝入洛陽。

晉書四十三戎傳：「隨帝還洛陽。」

十一月乙未，張方刼帝幸長安。

晉書卷四惠紀：「十一月乙未，方請帝謁廟，因刼帝幸長安。……河間王顒帥官屬，步騎三萬，迎于霸上。……以征西府爲宮，唯僕射荀藩、司隸劉暾、太常鄭球、河南尹周馥，與其遺官在洛陽，爲留臺，承制行事，號爲東西臺焉。」

戎出奔於郟。

晉書卷四十三戎傳：「車駕之西遷也，戎出奔于郟，在危難之間，親接鋒刃，談笑自若，未嘗有懼容，時召親賓，歡娛永日。」

丙午，留臺大赦，改元，復爲永安。

辛丑，復皇后羊氏。

李雄僭號成都王，劉淵僭號漢王。

十二月丁亥，詔穎還第，更立豫章王熾爲皇太弟。

以司空越爲太傅，與太宰顒輔政，司徒王戎參錄朝政。大赦，改元永興。

以河間王顒都督中外諸軍事。

永興二年，乙丑。（西曆三〇五年二月十一日至西曆三〇六年一月三十日）

六月甲子，侍中、司徒、安豐侯王戎卒于郟縣，時年七十七，謚曰元。

引用書目

全三國文
阮步兵集
嵇康集
史記 裴駰集解 司馬貞索隱
漢書
後漢書
後漢紀
三國志 裴松之注
晉書
宋書
南齊書
隋書
資治通鑑 胡三省注
歷代史表 萬斯同
二十史朔閏表 陳垣
比丘尼傳 釋寶唱
藝文類聚
初學記
太平御覽
世說新語 劉孝標注
水經注 酈道元
文心雕龍
文心雕龍校釋 劉永濟
文選 李善注

文選 六臣注
詩品
通典
通志
元和姓纂四校記 岑仲勉
姓解 邵思輯
姓觿 明陳士元
周易 王弼注
周易略例 王弼
周易正義
周易集解 李鼎祚
後定周易鄭注 丁杰
易義別錄 張惠言
毛詩 鄭玄注
毛詩正義
禮記
孟子
經典釋文 陸德明
日知錄
經籍考 朱彝尊
經學通論 皮錫瑞
荀子
春秋繁露
太玄
白虎通德論
說文
論衡
申鑒 荀悅

列子 張湛注
竹譜 戴凱之
聖賢羣輔錄 陶潛
詩比興箋 陳沆
歷代詩話 吳景旭
莊老通辨 錢穆
魏晉思想論 劉大杰
魏晉玄學論稿 湯用彤
中國思想通史 侯外廬等
莊子 郭象注
魏晉南北朝史論叢 唐長孺
中古文學史 劉師培
中國歷代尺度考 楊寬
魏晉南北朝的談風稿本 何啓民

國家圖書館出版品預行編目資料

竹林七賢研究
何啟民著. – 初版. – 臺北市：臺灣學生，2020.10
面；公分
ISBN 978-957-15-1835-0 (平裝)

1. 傳記 2. 學術思想 3. 魏晉南北朝哲學

782.243 109012419

竹林七賢研究

著 作 者 何啟民
出 版 者 臺灣學生書局有限公司
發 行 人 楊雲龍
發 行 所 臺灣學生書局有限公司
地 址 臺北市和平東路一段 75 巷 11 號
劃撥帳號 00024668
電 話 (02)23928185
傳 真 (02)23928105
E-mail student.book@msa.hinet.net
網 址 www.studentbook.com.tw
登記證字號 行政院新聞局局版北市業字第玖捌壹號
定 價 新臺幣四八〇元

一 九 七 八 年 六 月 三版
二 〇 二 〇 年 十 月 三版二刷

78249

ISBN 978-957-15-1835-0 (平裝)